Liebe ist planbar

Die Agile Beziehung – Christian Killinger ©

LIEBE IST PLANBAR

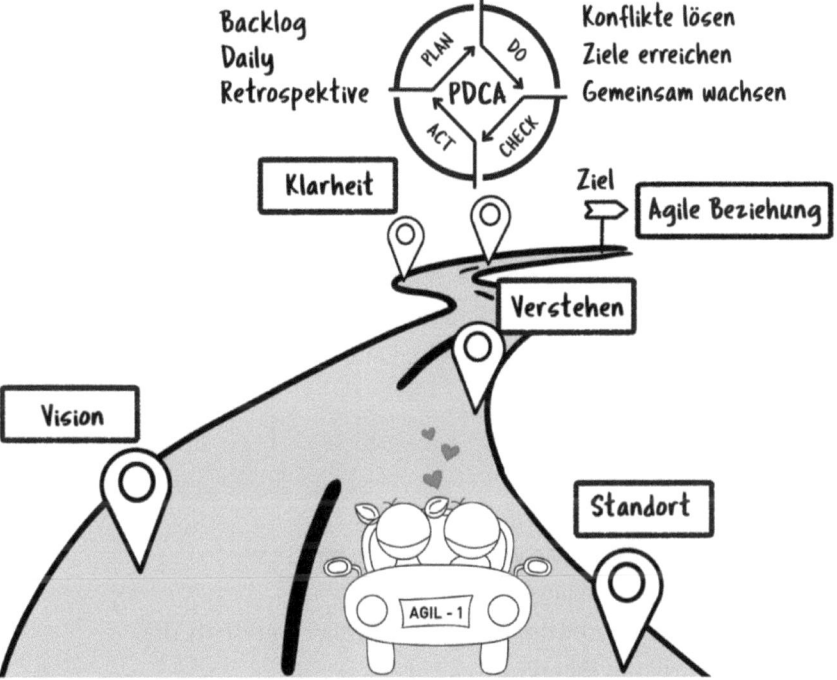

DIE AGILE BEZIEHUNG
Christian Killinger ©

Bibliografische Information der Deutschen Nationalbibliothek: Die Deutsche Nationalbibliothek verzeichnet diese Publikation in der Deutschen National-bibliografie; detaillierte bibliografische Daten sind im Internet über dnb.dnb.de abrufbar.

Lektorat: Andrea Durst, www.words-for-you.de
Coverdesign: Christian Killinger
Coverfoto (Auto): www.shutterstock.com / vallustrationstudio
Abbildungen: Christian Killinger
Abbildungen (Figuren): www.shutterstock.com / Volha Hlinskaya und Yindee

Herstellung und Verlag: BoD – Books on Demand, Norderstedt

ISBN: 978-3-75-268948-8

INHALTSVERZEICHNIS

Liebe ist planbar – die Agile Beziehung nach Christian Killinger ©

In meinen Sitzungen mit Paaren, die zu mir in die Beratung kommen, ist mir immer wieder ein Muster aufgefallen. Die Paare haben oft schon sehr viel ausprobiert, schildern mir jedoch, dass sie sich gefangen fühlen. Die Verzweiflung ist meist riesengroß: „Wir kommen einfach nicht weiter. Unsere Themen drehen sich im Kreis." Oder „Wir streiten und streiten, aber es ändert sich gar nichts. Wir schaffen es nicht alleine!"

Aus diesem Grund habe ich die Methode der agilen Beziehung entwickelt. Diese ist in Österreich und Deutschland rechtlich geschützt und auf meinen Namen registriert.

Warum habe ich nun eine eigene Methode entwickelt, wo es doch schon so viel an Wissen, Informationen und Ratgebern über Beziehungen, Konflikte und soziale Kompetenz gibt?

Eine zufriedene Beziehung ist das Ergebnis aus zwei Teilen, nämlich Wissen und Tun. Und genau das war mein Antrieb. Es war mir wichtig, eine Methode zu konzipieren, die einfach zu erklären und auch einfach in der Anwendung ist. Die jederzeit mit dem Partner durchgeführt werden kann. Die schnell und zielsicher Erfolge sichtbar macht. Die motiviert und hilft, am Ball zu bleiben. Die dieses *„Wir schaffen es nicht alleine!"* aus der Welt schafft.

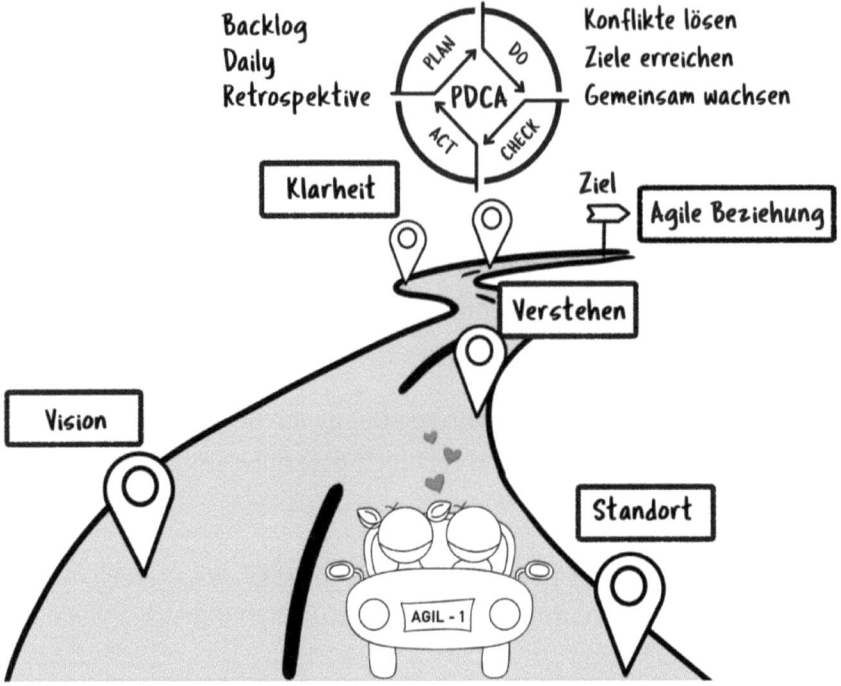

Die agile Beziehung ist als Methode, als Weg und als Kreislauf zu sehen. Ein Kreislauf, der in kleinen Schritten zu großen Veränderungen führt. Das Ziel ist eine schrittweise, kontinuierliche und dauerhafte Verbesserung der Beziehungsqualität. Sie hat folgenden Ablauf:

1. **Standort:** Wir starten mit einer Analyse, wo unsere Beziehung gerade steht.
2. **Vision:** Dann legen wir gemeinsam mit unserem Partner fest, was uns wichtig ist und in welche Richtung wir unsere Beziehung entwickeln wollen.
3. **Verstehen:** Anschließend geht es darum, zu verstehen, wie die Dynamik unserer Beziehung funktioniert, was uns und unserem Partner wichtig ist und wieso wir so handeln, wie wir das tun.

4. **Klarheit:** Der vierte Schritt ist, Klarheit zu erlangen. Klarheit, wo wir eingreifen müssen, welche Konflikte wir zu lösen haben und welche sonstigen Bereiche unsere Aufmerksamkeit benötigen.
5. **Agilität:** Und der letzte Teil besteht darin, schrittweise und dauerhaft unsere Konflikte aufzulösen und uns konsequent zu bemühen, unsere wichtigen Ziele gemeinsam zu verwirklichen. Durch diese Bemühungen erreichen wir persönliches Wachstum, aber auch die Weiterentwicklung als Paar.

Die Methode der agilen Beziehung ist dabei als Rahmenwerk zu sehen: Es gibt nicht nur einen richtigen Weg, den du gehen kannst. Vielmehr bietet die Methode eine Vielzahl an Ideen und Werkzeugen. Du kannst dir dabei jene herausnehmen, die für dich und deinen Partner den größten Nutzen versprechen und am besten zu euch passen.

Die Methode der agilen Beziehung konzentriert sich sehr stark auf das „Tun". Wissen ist die eine Sache, doch wenn wir dieses Wissen Tag für Tag auch in ein fokussiertes „Tun" verwandeln, dann sind schnelle Verbesserungen automatisch die logische Konsequenz. Die im Folgenden vorgestellten Werkzeuge unterstützen dich dabei, bestmöglich „am Ball zu bleiben".

Würde mich jemand fragen, was die agile Beziehung in einem Satz ausgedrückt ist, dann wäre meine Antwort: „Die agile Beziehung ist eine Methode, die leicht, schnell und geplant mit kleinen Schritten zu großartigen Verbesserungen deiner Beziehung führt." Denn wie der Titel sagt: „Liebe ist planbar!"

Analog zum agilen Manifest für die Softwareentwicklung habe ich ein agiles Manifest für glückliche Beziehungen erstellt.

Das agile Manifest für glückliche Beziehungen

Das Ziel: bessere Wege erschließen, die zu glücklichen Beziehungen führen. Indem ich diese Wege selbst gehe und auch anderen dabei helfe, lernte ich folgende Werte schätzen:

Vision und Ziele sind wichtiger als der **Fokus auf die Gegenwart**.

Zuhören und Verstehen sind wichtiger als **Toleranz**.

Klarheit und Transparenz sind wichtiger als **Harmonie**.

Wachstum und Entwicklung sind wichtiger als **Stabilität**.

Das heißt, obwohl ich die Werte auf der rechten Seite wichtig finde, schätze ich die Werte auf der linken Seite höher ein.

Wenn du jetzt gespannt bist, dann freut mich das. Lass uns sofort beginnen!

Vorwort

Im Sinne einer besseren Lesbarkeit der Texte habe ich entweder die männliche oder weibliche Form von personenbezogenen Hauptwörtern gewählt. Dies impliziert keinesfalls eine Benachteiligung des jeweils anderen Geschlechts. Alle Menschen mögen sich von den Inhalten gleichermaßen angesprochen fühlen.

Ich habe dieses Buch absichtlich in einer sehr lockeren Sprache geschrieben, denn ich möchte dich nicht mit schrägen Fachausdrücken erschlagen, sondern einen sofort umsetzbaren und vor allem praxistauglichen Weg zeichnen. Diesen Weg erkläre ich dir genau so, wie ich ihn meiner besten Freundin erklären würde. Daher erlaube ich mir, durchgängig das „Du" zu verwenden.

Mein Name ist Christian Killinger. Ich bin psychologischer Berater und begleite seit vielen Jahren Paare, deren Beziehungen in Schieflage geraten sind. Seit meiner Kindheit liegt mir das Thema Beziehungen am Herzen. Und so ist es nicht weiter verwunderlich, dass diese Passion später auch zu meiner Profession wurde – als Berater, Autor, Redner oder auch geschätzter Partner für Fragestellungen zu Beziehungen in den Medien. Auf meinem Weg habe ich Wirtschaftsinformatik, Management und Psychosoziale Beratung studiert. Mehr über mich und meine Tätigkeiten findest du auf den Websites www.christiankillinger.at sowie www.liebeistplanbar.at.

Je nachdem, welche Lesevorlieben du hast, kannst du das Buch entweder in einem Rutsch durchlesen. Vielleicht bist du aber eher der Typ, der gerne Kapitel für Kapitel liest und dabei gleich die Werkzeuge in der Praxis ausprobiert. Beides ist möglich. Aber: Es nützt nicht viel, Wissen anzuhäufen und es dann schlummern zu lassen. Dies soll ein praktisches Buch sein. Die Wirkung kann sich nur vollständig entfalten, wenn du die Werkzeuge nach und nach ausprobierst.

Die Anleitung der Werkzeuge ist oft sehr strikt beschrieben – wie Kochrezepte. Mir ist wichtig, dass diese sofort einsetzbar sind! Und ich habe die Erfahrung gemacht, dass es sich zu Beginn lohnt, exakt bei der beschriebenen Durchführung zu bleiben. Das unüberlegte Austauschen von Komponenten kann ähnlich wie bei einem Kochrezept zu negativen Ergebnissen führen. Mit der Zeit wirst du an Erfahrung gewinnen. Und dann kannst du die Werkzeuge auch nach deinen Vorlieben anpassen und damit experimentieren. Es gibt hier kein „Falsch" oder „Richtig", das Einzige, was zählt, sind die Ergebnisse für deine Beziehung.

Du findest übrigens alle beschriebenen Werkzeuge zum Ausdrucken im Downloadbereich dieses Buches. Gehe dazu www.liebeistplanbar.at/vorlagen/

Ich möchte nicht zu viel versprechen. Doch ich bin mir sicher, dass die konsequente Anwendung der Werkzeuge in diesem Buch dir helfen kann, persönlich erfolgreicher zu werden. Auf leichte, manchmal spielerische Weise zeige ich dir, wie du deine soziale Kompetenz auf eine neue Ebene pushst – und der Spaß kommt dabei auch nicht zu kurz. Zudem gebe ich dir eine Fülle an zusätzlichen Hintergrundinformationen, die auf deinem Weg hilfreich sein werden.

1 Meine Berufung

Es waren die frühen 80er. Wir waren gerade erst von einem kleinen Loch in eine wunderschöne neue Wohnung umgezogen: meine Eltern, meine Schwester und ich, damals 8 Jahre alt. Alles perfekt, heile Welt, wohin man nur blickte. Vertieft in das Spielen mit meiner geliebten Lego-Burg, wurde ich eines Tages aufgeschreckt durch immer lauter werdende Stimmen. Im Nebenzimmer stritten meine Eltern aufs Heftigste. Plötzlich Stille. Und dann unvermittelt ein lautes Klirren. Ein Teller, der wütend am Boden zerschellte. Ich hielt mir die Ohren zu – war geschockt, verzweifelt. Tausend Gedanken rasten durch meinen Kopf: *Die heile Welt ist doch nicht so heil wie angenommen. Jetzt ist wohl alles vorbei. Meine Eltern lieben sich nicht mehr. Im Gegenteil, sie müssen sich hassen. Wie soll das nur weitergehen?* Ich fühlte mich komplett verloren.

Unbewusst fasste ich in meinem Inneren einen Entschluss: *Wenn ich einmal groß bin, wird mir so etwas nie passieren. Ich lasse das nicht zu! Und ich werde auch nicht zulassen, dass andere dies durchmachen müssen. Wenn ich einmal groß bin, werde ich Paaren helfen, damit sie glücklich und zufrieden sind und nicht dauernd streiten müssen.*

Ja, das war mein Start in diese Thematik, mit zarten 8 Jahren! *Ich werde nicht Feuerwehrmann. Ich werde dafür sorgen, dass Paare glücklich und zufrieden sind.*

1.1 Mein persönliches Fuck-up

Oje, ein Buch über Beziehungen und es beginnt mit Fuck-up. Doch das hat einen guten Grund: Fuck-ups werden gerne in der agilen Welt verwendet. Es bedeutet, über Fehler zu sprechen – und was noch wichtiger ist, die richtigen Schlüsse daraus zu ziehen und zu lernen.

Weg von der Verurteilung hin zu einer Fehlerkultur, die Fehler als normal erachtet und stetiges Lernen und Wachsen fördert. Und so nehme ich dich mit auf eine agile Reise und starte mit einem persönlichen Fuck-up.

Mein Weg zum „Paar-Glücklichmacher" nahm noch einige Umwege, und zwar ans andere Ende des Spektrums – ins nerdige IT-Umfeld. Es ist nun schon einige Zeit her, da machte ich meine ersten Erfahrungen mit der Agilität in der Softwareentwicklung. Ein Konzept, das mich vom ersten Tag an begeisterte und überzeugte, wie selten etwas zuvor. Ich las alles, saugte alles auf, was ich darüber finden konnte. Die Agilität steckte zu diesem Zeitpunkt noch in den Kinderschuhen. Doch in meiner Funktion als Teamleiter der IT wollte ich dieses Konzept sofort mit meinen Mitarbeitern ausprobieren, lieber heute als morgen.

Voller Enthusiasmus erzählte ich, versuchte zu überzeugen. Und je mehr ich redete, desto größer wurde die Ablehnung. „Wieso sollten wir alles verändern? Es läuft doch gut?"

Trotz einiger Teilerfolge muss ich mir heute eingestehen, an dieser Stelle sehr viel falsch gemacht zu haben. Gut gemeint ist nicht gleichbedeutend mit gut gemacht. Die Erde war verbrannt, ich war gescheitert.

Ja, ich war vom agilen Konzept überzeugt. Aber viele andere nicht. Sie sahen in der Veränderung zu wenig Sinn und zu viel Anstrengung. Veränderung ist selten einfach. Mit all meinem Enthusiasmus ist es mir nicht gelungen, andere mit auf die Reise zu nehmen, sie dort abzuholen, wo sie waren.

Ich hatte zu diesem Zeitpunkt nicht verstanden, wie Veränderung angeregt werden kann. Ich hatte nicht verstanden, dass es nicht nur auf Logik, auf Argumente ankommt, sondern vielmehr auf Beziehungen. Ich hatte nicht verstanden, dass ein Veränderungs-Big-Bang zu einem noch biggeren Widerstand führt.

Doch genau da war es wieder: Ein bekanntes Gefühl in meinem Bauch. Immer wieder spürte ich in mir dieses Feuer. Ein Feuer, das stets aufs Neue in mir aufflackerte. Ein Feuer, das mich einfach nicht losließ. Wie war das damals – ich hatte doch schon mit 8 Jahren eine Idee?

Manchmal muss man viele Fehler machen, damit etwas Neues entstehen kann. Das Feuer brannte nun lichterloh.

Ich ließ es zu und unterdrückte es nicht länger. Ich begann nachzudenken, zu forschen und zu probieren. Und so wuchs in mir nach und nach die Vorstellung, dass es vielleicht eine passende Möglichkeit geben könnte, meine zwei Lieblingsthemen Agilität und Beziehungen zu vereinen.

Von meinem lodernden Feuer bis zur Verwirklichung meiner Pläne war es ein steiniger Weg, auf dem ich eine Scheidung und eine tiefe Sinnkrise bewältigen musste. Meine Freunde meinten damals: „Der Depp ist halt in der Midlife-Crisis." Was sich witzig anhört, war mein persönlicher Tiefpunkt. Ich war auf dem Boden der Tatsachen angekommen.

Doch ich stand wieder auf. Das Ankommen an meinem persönlichen Tiefpunkt sowie das Durchschreiten und erfolgreiche Überwinden dieser Krise war ein weiterer wichtiger Puzzlestein in meiner Entwicklung. Ein Puzzlestein, der bis zu diesem Zeitpunkt einfach noch gefehlt hat.

Kurz noch am Rande – meine jetzige Beziehung ist auch nicht geschützt vor Streit, Konflikten oder Missverständnissen. Manchmal tut es sogar richtig weh. Manchmal möchten wir beide einfach nur noch weg. Doch immer öfter merke ich, dass mein Lernen und Forschen nicht sinnlos war. Immer öfter merke ich, dass wir auf einem guten Weg sind. Und wenn doch wieder mal die Fetzen fliegen, wissen wir: Unser agiler Beziehungs-Werkzeugkoffer ist schon ziemlich gut gefüllt.

Vielleicht ist es auch für dich an der Zeit für einen neuen Weg. Ich wünsche dir viel Vergnügen und hoffentlich einige Aha-Momente mit den kommenden Seiten. Ich werde dich schrittweise an das Thema agile Beziehungen heranführen und dir zeigen, wie du mithilfe dieses Konzepts die Beziehung führen kannst, die du dir schon immer gewünscht hast. Trotz allen Bemühens wird es vorkommen, dass nicht alles sofort funktioniert. Doch eines ist sicher – Fehler können großartige Lehrmeister für zukünftiges Handeln sein. Ein Sprichwort sagt:

> *War ein Tag nicht dein Freund, so war er doch dein Lehrer.*

Lass uns in diesem Sinne starten!

1.2 Einführung

Ich freue mich, dass du den Weg zu diesem Buch gefunden hast. Ein Buch über Beziehungen, das auf den ersten Blick seltsam erscheinen mag. Agilität und Beziehung? Wie passt das zusammen?

Genau mit dieser Frage habe ich mich sehr intensiv beschäftigt und einen Weg gefunden, den ich für sehr hilfreich in Beziehungen halte.

Wenn du mein Buch in den Händen hältst, dann ist es sehr wahrscheinlich, dass du eine oder vielleicht auch mehrere kleine Baustellen in deiner Beziehung hast. Und wie Baustellen auf der Straße sind sie sehr lästig. Sie behindern uns, manchmal kommt es sogar zum totalen Stillstand. Wir ärgern uns und fühlen uns unwohl. Kaum verschwindet eine Baustelle, taucht auch schon die nächste auf. Ich spreche hier aus eigener leidvoller Erfahrung. Nicht wenige Paare lassen sich davon entmutigen und es folgt der berühmte Satz „Schatz, wir müssen reden."

Und ich vermute, dass dieses Buch nicht das erste Buch ist, das dir eine Verbesserung deiner Beziehung verspricht. Wahrscheinlich hast du schon den einen oder anderen Ratgeber gelesen und schon viele Dinge ausprobiert. Das Problem: Es gibt eine schier unendliche Zahl an Ratgebern für viele, viele Bereiche. Doch so gut die Inhalte auch sein mögen – und ich habe wirklich einige ganz exzellente Bücher gelesen –, die meisten verpuffen in ihrer praktischen Wirkung wie eine Sternschnuppe. Denn Veränderung ist selten leicht und bloßes theoretisches Wissen über Veränderung reicht nicht aus.

Es braucht als ersten Schritt ein klares Bekenntnis: „Ja, ich will mich verändern, um glücklicher in meiner Beziehung zu sein."

Und es braucht Hilfsmittel, die nicht nur theoretisch gut klingen, sondern auch einfach, zielführend und nachhaltig anzuwenden sind. Es ist also an der Zeit, einen anderen Weg zu gehen, einen pragmatischen Weg. Nicht: *Ab heute wird alles anders!* – du kennst das sicher auch von *Ab heute nie mehr Schokolade!* –, sondern einen Weg der kleinen Schritte. Kleine Schritte, die langsam, aber konsequent zur Gewohnheit werden und deine Beziehung auf eine neue Ebene heben.

Wenn es dir also mit den bisher gelesenen Ratgebern oder auch Tipps, die du von Freunden erhalten hast, ebenso erging wie mir, dann war letztendlich die Gesamtwirkung nahezu bei null. Ja, kurzfristig hat sich manchmal etwas verbessert. Ja, die Konzepte dahinter waren interessant. Ja, der eine oder andere sehr hilfreiche Tipp war dabei – aber eine wirklich nachhaltige Wirkung im Alltag gab es nicht. Und sogar meine Wünsche an das Universum blieben ungehört.

Apropos Universum – ich bin ein Gegner des „untätigen" Wünschens. Ich glaube auch nicht, dass unser Leben von anderen Mächten vorherbestimmt ist.

Es gibt jedoch sicher sehr viel mehr, als wir mit unseren Augen und unserem Verstand erfassen können. Ein wichtiger Aspekt dabei: Unsere Gedanken können Realität werden. Unsere Beziehungen sind das Ergebnis unseres Denkens und Handelns.

Ausgesprochen hilfreich ist eine proaktive Vorgehensweise. Wenn du dir vom Universum etwas wünschst, dann ist es auch deine Pflicht, beziehungsweise erleichtert es die Sache ungemein, dass du aktiv an der Erfüllung mitarbeitest.

Zurück zum Thema – ich dachte immer, meine Beziehungen wären halt alle anders. Anders und sehr speziell.

Kennst du das? Ist deine Beziehung auch anders? Auch speziell? Ich lade dich herzlich ein auf einen neuen Weg. Einen Weg, der anders ist als alles, was ich vorher zu diesem Thema kennengelernt habe.

Wieso brauchen wir überhaupt einen Weg? Können Beziehungen nicht einfach so funktionieren? Habe ich vielleicht nur noch nicht meinen Seelenpartner gefunden? Und wenn schon ein Weg, wieso dann anders?

Persönliche Beziehungen sind nun einmal sehr speziell. Und Liebesbeziehungen toppen das Ganze nochmals. Unser Partner weiß ganz genau, welche Knöpfe er drücken muss, damit wir rasend schnell von 0 auf 100 kommen. Unser Partner weiß auch, wie er uns glücklich machen kann. Mal mehr, mal weniger. Und er weiß, wie er uns dieses Glück nehmen kann. Glauben wir.

Doch ist das wirklich so? Müssen wir wie ein Hampelmann springen, wenn unser Partner unten am Schnürchen zieht? Kann uns generell jemand unser Glück einfach wegnehmen?

Die verlockende Antwort wäre jetzt natürlich: „Aber sicher, ich muss ja reagieren und ich muss ja dies oder das machen, wenn er dies oder das macht"!

Und zum Teil ist das auch so. In bestimmten Fällen muss man reagieren. Wenn ich auf eine heiße Herdplatte fasse, dann hilft es wenig, mir vorzustellen, was diese heiße Herdplatte Gutes für mich tun könnte. Besser ist es wohl, so schnell wie möglich die Hand wegzuziehen.

Eine heiße Herdplatte sorgt rasend schnell für Schmerzen. Doch ich entscheide, wie ich mich verhalte.

Eine „heiße" Beziehung kann für Stress sorgen. Und Beziehungsstress macht krank. Herz-, Magen-, Hautprobleme, schlechte Stimmung, Niedergeschlagenheit, Unruhe und vieles mehr sind mögliche Auswirkungen. Doch auch in der Beziehung habe ich es in der Hand, wie ich mich verhalte.

Wahre Liebe und eine zufriedene Beziehung haben wenig bis nichts mit der Reaktion des anderen zu tun. Diese Änderung im Denken fällt zunächst schwer, ist langfristig jedoch ein sicherer Weg zum Erfolg. Und ein sicherer Weg aus der Beziehungsfalle ist der Weg hinaus aus (schlechten) Emotionen und hinein in eine rational und bewusst geführte Beziehung. Ja, rational, bewusst und geplant.

Vielleicht fragst du jetzt: „Geht das denn überhaupt? Rational, bewusst und geplant? Wo bleibt die Nähe? Wo bleibt das Gefühl? Wo bleibt die Lust?"

Ich meine: Wenn die innere Einstellung, die innere Kraftquelle, unser Mindset passt, dann folgen Nähe, Gefühl und Lust automatisch, es ist die logische und natürliche Konsequenz.

Das ist aus meiner Sicht kein Widerspruch, sondern sogar eine wichtige Voraussetzung. Jeder von uns war schon mal in einer längeren Beziehung. Je länger eine Beziehung dauert, desto aktiver sollte man daran arbeiten, dass Nähe, Gefühl und Lust erhalten bleiben.

Die Chance, meinem Partner nahe zu sein, die Chance, mit meinem Partner im Bett zu landen, ist um einiges höher, wenn ich meine Beziehung proaktiv und bewusst gestalte.

Proaktiv und bewusst bedeutet auch, dass ich unabhängig von der Momentaufnahme, die temporär angespannt sein kann, mit meinem Partner in Liebe lebe.

Mir ist bewusst, dass mein Weg zu einer zufriedenen Beziehung radikal erscheinen mag. Mir ist bewusst, dass manche dazu sagen werden: „Für mich ist das gar nichts! Das passt einfach nicht zu mir!"

Ich stimme dem zu, dieser Weg ist sicher nicht für jeden passend. Dieser Weg ist auch nicht die Lösung für alle Beziehungen oder alle Beziehungsprobleme. Ich freue mich auf jeden Fall sehr, wenn du die eine oder andere Idee des Buches als hilfreich erachtest und vielleicht sogar umsetzen kannst.

Stell dir nur einmal vor, es gäbe Werkzeuge, Haltungen, Denkweisen, mit deren Hilfe für dich und den Partner an deiner Seite alles möglich wird. Stell dir vor, du könntest mit deinem aktuellen Partner die Beziehung führen, die du dir immer vorgestellt hast.

An dieser Stelle verrate ich dir ein kleines Geheimnis:

Mit deinem aktuellen Partner ist ALLES möglich!

DU hast es in DEINER Hand.

Was derzeit vielleicht unglaublich erscheint, kann Realität werden. Deine Erwartungen bestimmen zu 100 Prozent, was du von der Welt, von deiner Beziehung wahrnimmst.

Agilität bedeutet auch, eine Veränderung im Mindset zu erzeugen. Vielleicht gelingt es dir ja, die kommenden Seiten mit dieser Erwartungshaltung und Einstellung zu lesen.

Probiere es einfach aus!

1.3 Bewusst - Geplant - Agil

Das Konzept der romantischen Liebe ist historisch betrachtet noch sehr frisch. Und selbst in der Phase des Verliebtseins überwogen lange Zeit wirtschaftliche Überlegungen, Sicherheitsdenken sowie gesetzliche und gesellschaftliche Einschränkungen.

Erst in den letzten 30 Jahren hat sich dies durch verschiedene Faktoren grundlegend geändert. Heute haben meist beide Partner ein eigenes Einkommen, eigene Interessen, können sich beruflich und privat verwirklichen. Eigentlich, sollte man meinen, eine perfekte Basis für Liebesbeziehungen auf Augenhöhe.

Wenn man aber Beziehungen im näheren oder ferneren Umfeld betrachtet, wird schnell klar, wie weit die Realität von dieser Annahme abweicht. Die Scheidungs- und Trennungsrate ist enorm hoch, glückliche Beziehungen scheinen beinahe die Ausnahme zu sein. Wer erzählt, in seiner Beziehung glücklich zu sein, wird nicht selten ungläubig angesehen.

Trotzdem – oder vielmehr zu meiner Freude – ist das Führen einer glücklichen Beziehung für viele Menschen eines der wichtigsten Ziele im Leben. Und das in unterschiedlichen prozentuellen Ausprägungen über alle Altersstufen hinweg.

Doch wie gelingt es uns in dieser hektischen Zeit, dauerhaft zufrieden, ja glücklich eine Beziehung zu führen?

Vielleicht ist es an der Zeit, mit einem Tabu zu brechen und Anregungen nicht in der Romantik, in Hollywoodfilmen oder, wie manche sagen, in der „Gefühlsduselei" zu suchen, sondern im Kontext von wirtschaftlich erfolgreichen Unternehmen?

„Was soll denn das?", wirst du jetzt wahrscheinlich, vielleicht sogar empört, fragen. Und du hast ganz recht, eine Beziehung ohne Gefühle ist keine Beziehung. Doch für gute Gefühle muss man sorgen, sie fallen nicht vom Himmel, genauso wenig, wie wirtschaftlicher Erfolg in Unternehmen vom Himmel fällt. Es ist harte Arbeit nötig, um eine gesunde Beziehungsbasis zu schaffen, in der Gefühle – und zwar angenehme Gefühle – möglich sind.

Ich wiederhole das, weil es eine Basis der agilen Beziehungsarbeit ist: Gute Gefühle, Zufriedenheit oder Glück sind ein Ergebnis von geplantem und bewusstem Vorgehen. Sie entstehen nicht nur von selbst, sondern wir als Einzelpersonen und als Paar sind dafür verantwortlich, dass sie entstehen können. Und mit unserem Denken und Handeln legen wir die Grundsteine dafür.

Hilfreich im Zusammenhang mit Agilität sind Neugierde und Freude am Ausprobieren neuer Dinge. Jene, die diese Eigenschaften zumindest im Ansatz in sich finden, lade ich herzlich ein, mir auf meinem Weg der agilen Beziehung zu folgen. Nimm dir die Teile heraus, von denen du glaubst, dass sie für dich nützlich sind und ignoriere jene, die du für unpassend hältst. Agilität ist auch Ausprobieren, Fehler machen und kontinuierlich verbessern.

1.4   Von erfolgreichen Unternehmen lernen

Viele Unternehmen haben die Zeichen der Zeit erkannt und verstanden, dass man mit veralteten Methoden in einem sich ständig ändernden Umfeld mehr und mehr in die Defensive oder ganz ins Abseits gedrängt wird. Daher war es nötig, neue Mittel und Wege zu finden, um in schwierigen Zeiten den wirtschaftlichen Erfolg sicherzustellen.

Ein Ansatz, den viele Unternehmen interessant finden und verfolgen, ist Agilität – ein möglicher Wegweiser in eine erfolgreiche Zukunft. Warum also nicht versuchen, auch für Liebesbeziehungen neue Wege zu gehen? Eine agile Beziehung als Antwort!

Wieso wollen wir agil sein? Dieser Frage gehen wir in den folgenden Kapiteln auf den Grund. Außerdem erfährst du, was VUCA ist und warum es in deiner Beziehung eine wichtige Rolle spielen kann.

Einer der Vorteile, agil zu agieren, liegt darin, dass wir uns in einem VUCA-Umfeld befinden. VUCA ist ein Kunstwort, gebildet aus den Anfangsbuchstaben der Wörter volatility, uncertainty, complexity und ambiguity.

Auf Deutsch:

- Volatilität
- Unsicherheit
- Komplexität
- Mehrdeutigkeit

Was ist unter diesen Begriffen zu verstehen und wie passt das mit Beziehungen zusammen?

1.4.1 Volatilität

Wir leben in einer Welt, die sich ständig verändert. Sie scheint instabiler als früher zu sein und mehr und mehr unkontrollierbar zu werden. Ereignisse kommen und verlaufen völlig unerwartet und das Verstehen von Ursache und Wirkung ist manchmal unmöglich. Veränderungen entfalten rasch enorme Kräfte mit teilweise radikalen und unberechenbaren Auswirkungen. Man denke nur an die weltweiten Auswirkungen der Corona-Krise der letzten Monate.

Ist eine Beziehung volatil?

Das Gegenteil von volatil ist stabil oder gleichbleibend. Sind Beziehungen gleichbleibend? Vielleicht hoffen wir das. In Wahrheit sind Beziehungen jedoch hochgradig volatil. Wie oft hört man nach einer Trennung, dass sie völlig aus dem Nichts gekommen sei? Oder dass man glaubt, der Partner habe sich quasi über Nacht in einen anderen Menschen verwandelt? In Wahrheit geschieht diese Verwandlung meist über einen langen Zeitraum, wird aber konsequent ignoriert. Nicht nur die Welt, auch Beziehungen tendieren dazu, sich immer rascher zu verändern. Beruf, Kinder, Machtspiele, Eifersucht, alte Wunden aus der Kindheit, Einflüsse von außen, aber auch eine Innenwelt, mit der wir manchmal nur schwer zurechtkommen. All das sind Faktoren, die einfach nicht zu gleichbleibender Stabilität neigen.

1.4.2 Unsicherheit

Die Vorhersehbarkeit von Ereignissen nimmt drastisch ab. Früher war es häufiger möglich, die Zukunft aus der Vergangenheit abzuleiten. Diese Korrelation geht mehr und mehr verloren. Somit wird es immer schwieriger zu planen. Unternehmen stehen vor der Aufgabe, die Planung von Investitionen, Entwicklungen und Wachstum vorherzusagen, doch dies ist beinahe ein Ding der Unmöglichkeit. Denken wir beispielsweise an WhatsApp: Eine kleine Idee von zwei Personen hat den weltweiten milliardenschweren SMS-Markt der Telekomfirmen beinahe komplett vernichtet. Durch diesen Mangel an Vorhersehbarkeit wird die Ungewissheit immer größer.

Ist eine Beziehung unsicher?

Sicherheit wird von vielen Menschen als Grundbedürfnis in einer Liebesbeziehung gesehen. In ihrer Beziehung suchen sie genau diesen sicheren Hafen. Doch ist der Hafen wirklich sicher – oder hätten wir dies nur gern? Bei jeder neuen Liebe denkt man sich: Diese wird anders, wunderbar, befriedigend, und das für immer. Die Zahlen sprechen jedoch eine andere Sprache. In Wahrheit ist sogar die unsichere Arbeitswelt sicherer als Liebesbeziehungen. Die Wahrscheinlichkeit, dass die Beziehung bestehen bleibt, ist geringer, als dass die beiden Partner wieder getrennte Wege gehen.

1.4.3 Komplexität

Unsere Welt wird immer komplexer. Was steckt hinter Ereignissen? Was sind die Auswirkungen? Die Systeme werden vielschichtiger und sind kaum mehr zu überblicken. Die Zusammenhänge sind auf verschiedenen Ebenen angesiedelt und werden so noch unübersichtlicher. Ob eine Entscheidung richtig oder falsch ist, ist oftmals im Vorfeld nicht vorhersehbar. Die Vielzahl an möglichen Optionen und die starke weltweite Vernetzung multipliziert diesen Faktor. Nehmen wir noch einmal die Corona-Situation. Wer wusste zu Beginn wirklich, wie die Dinge zusammenspielten? Die Flut an Informationen war undurchdringlich. Welche Zahlen stimmten, welche Fakten? Täglich gab es neue Erkenntnisse. Die Konsequenz für die Politik, aber auch für alle Betroffenen: Entscheidungen werden in immer kürzeren Abständen getroffen, Ansichten revidiert und immer wieder neue Wege ausprobiert.

Ist eine Beziehung komplex?

Eigentlich sollte man meinen: Zwei Menschen, Liebe – das kann doch nicht so schwer sein. Weit gefehlt. Gerade wenn zwei Menschen sich nahestehen, wird es fast immer schwierig. Wir erwarten, dass der andere unsere Bedürfnisse erfüllt, uns versteht, für uns da ist, uns unterstützt, unsere Gedanken liest und vieles mehr. Doch schnell sind wir enttäuscht. Dann schalten wir blitzartig auf unseren unbewussten Autopilot um, und es laufen Programme und Muster ab, die die Beziehung und uns selbst mehr und mehr belasten Wir werden von unserem Unterbewusstsein gesteuert. Liebesbeziehungen gehören zu den komplexesten zwischenmenschlichen Beziehungen.

1.4.4 Mehrdeutigkeit

In der Unternehmenswelt wird es immer schwieriger, eindeutige oder exakte Lösungen zu bestimmen. Es gibt nicht mehr nur Schwarz und Weiß, sondern auch viele Grautöne dazwischen. Informationen sind auf Knopfdruck im Übermaß vorhanden, können jedoch unterschiedlich interpretiert werden. Hierarchische Führung trifft auf neue Modelle, in denen Selbstverantwortung immer wichtiger wird. Das strenge Verfolgen eines Planes tritt in den Hintergrund. Gefragt sind eine starke Vision und mutige Entscheidungen sowie eine schnelle Anpassung an eine sich rasch verändernde Außenwelt. Fehlinterpretationen sind ein täglicher Begleiter. Umso wichtiger wird es daher, eine Kultur zu entwickeln, die Fehler als gute Gelegenheit zum Lernen ansieht.

Ist eine Beziehung mehrdeutig?

Ganz sicher. In vielen Beziehungen ist jeder Tag aufs Neue eine Überraschung. Dinge, die gestern gut funktioniert haben, kommen heute nicht gut an. Wir glauben manchmal sogar, plötzlich einen anderen Menschen vor uns zu haben. Doch es ist einfach ganz normal, dass auf A nicht immer B folgt. Zu viele Faktoren spielen mit. Die eine Lösung für alle Gelegenheiten existiert leider nicht. Es kommt auch darauf an, wie ich mich gerade fühle, wie der heutige Tag war, wie der Gemütsstand der Beziehung derzeit ist, was mir sonst noch so im Kopf herumschwirrt und vieles mehr.

1.5 Die agile Beziehung – vom Problem zur Lösung

Die einzige Konstante in der VUCA-Welt ist die Veränderung.

Zweifellos ist VUCA ein Problem, das für Beziehungen eine Bedrohung darstellt. Doch soll man nun den Kopf in den Sand stecken und sich seinem Schicksal ergeben? Ganz bestimmt nicht. Es hat einen Vorteil, dass wir uns an unternehmerischen Prinzipien festhalten können: VUCA trägt in sich selbst eine mögliche Lösung. Viele Unternehmen haben das erkannt und setzen verstärkt darauf. Und wie du sehen wirst, kann dies auch ein möglicher Weg für eine gelungene Beziehung sein. Klar ist aber, dass diese Lösung keine einfache ist. Es gibt keine Vorlage, die zu sicherer Zufriedenheit führt, wenn wir sie befolgen. Jede Lösung ist mit Arbeit, Rückschlägen, Experimenten und vielen kleinen Erfolgen verbunden. Jedes Paar will andere Schwerpunkte setzen. Jedes Paar benötigt eine individuelle Lösung. Das Gute an der VUCA-Lösung: Sie lässt sich an unterschiedliche Gegebenheiten individuell anpassen.

Doch was kann nun eine mögliche Strategie sein? VUCA kann auch bedeuten: Vision, Understanding, Clarity und Agility.

Auf Deutsch:

- Vision
- Verständnis
- Klarheit
- Agilität

Diese vier kleinen Worte haben, gezielt angewendet, eine unglaubliche Wirkung auf jede Beziehung. In der Folge werde ich auf diese vier Bereiche eingehen und verdeutlichen, was sie für die Beziehung bewirken, wie wir die richtigen Schritte definieren können und welche Werkzeuge uns dabei unterstützen. Einen Schwerpunkt wird die Agilität einnehmen. Aus meiner Sicht ist Agilität die Klammer, welche die anderen drei Begriffe umschließt. Und wir werden beim Kennenlernen von Vision, Verständnis und Klarheit viele agile Methoden verwenden, die uns leichter ans Ziel kommen lassen.

Immer mehr Unternehmen setzen auf unterschiedliche agile Methoden und verzeichnen damit Erfolge, die mit traditionellen Vorgehensweisen wie starren Prozessen und Plänen oder streng getrenntem Bereichsdenken nicht mehr möglich wären.

Agil bedeutet für deine Beziehung jedoch nicht, dass du ab heute alles, was du bisher getan hast, nicht mehr tun darfst, und nur mit neuen, modernen Methoden eine gute Beziehung möglich ist. Ganz im Gegenteil, denn Agilität bedeutet, das Beste aus der traditionellen Welt zu verwenden und es kreativ mit neuen Wegen zu verbinden, um individuell passende Lösungen zu finden. Es gibt keine perfekte Beziehung, aber es gibt einen maßgeschneiderten Weg, der zu dir und deiner Beziehung passt. Eine agile Beziehung ist daher kein Endzustand, den wir erreichen wollen, sondern eine Reise.

Und das wars auch schon, keine Hexerei. Vielleicht ist es doch einfacher, als du denkst!

1.6 Agile Grundbegriffe

Agile Werte und Haltungen begleiten uns auf unserem Weg. Daher stelle ich wichtige Begriffe, die immer wieder auftauchen, im Überblick vor. Du siehst diese in der folgenden Abbildung:

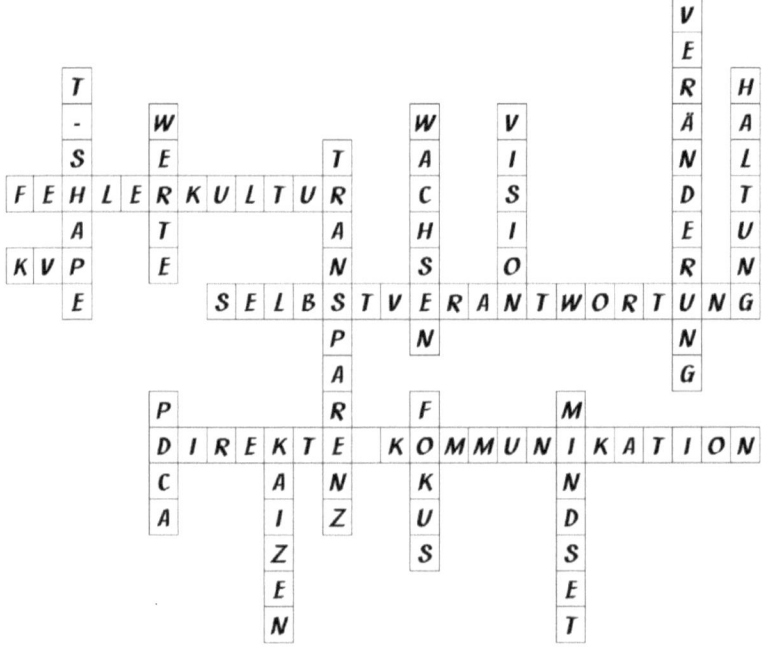

Du bist der Ansicht, diese Wortfetzen haben per se wenig bis nichts mit Beziehungen zu tun?

Aber einen Moment noch. Ich werde versuchen, jeweils mit einem Satz zu erklären, wieso ich diese in der agilen Welt gängigen Begriffe auf die Beziehungswelt übertrage:

- **T-Shape:** Immer mehr über sich selbst, aber auch über den Partner erfahren und dieses Wissen im täglichen Handeln anwenden.
- **Werte:** Eine zufriedene Beziehung basiert auf einem gemeinsamen Wertesystem.
- **Transparenz:** Alles, was bekannt und sichtbar ist, kann aktiv und gezielt verändert (oder auch verstärkt) werden.
- **Wachsen:** Beziehung ist lebenslanges gemeinsames Wachsen und Weiterentwickeln.
- **Vision:** Eine gemeinsame Vision hilft der Beziehung, den Kurs zu halten.
- **Veränderung:** Beziehung ist immer Veränderung, denn es gibt etliche Einflussfaktoren.
- **Haltung:** Eine innere Grundeinstellung, die mein Denken und Handeln (zum Beispiel in Konfliktsituationen) beeinflusst.
- **Fehlerkultur:** Fehler werden konsequent genutzt, um zu lernen und die Beziehung zu verbessern.
- **KVP:** Prozess der kontinuierlichen Verbesserung – Problemfaktoren in der Beziehung werden konsequent minimiert.
- **Selbstverantwortung:** Jeder Partner übernimmt 100 Prozent Verantwortung für das Gelingen der Beziehung.
- **PDCA:** Ein Zyklus, der fokussierte Weiterentwicklung unterstützt.
- **Kaizen:** Veränderung der Beziehung in kleinen, nachvollziehbaren Schritten.

- **Fokus:** Jede Beziehung hat kleinere und größere Problemquellen – wir fokussieren und immer auf das aktuell wichtigste Thema mit dem größten Nutzen.
- **Mindset:** Ähnlich wie Haltung, eine Denkweise, Einstellung, Grundhaltung.
- **Direkte Kommunikation:** Wir versuchen, alles in Worte zu fassen, die unser Partner verstehen kann, und vermeiden Gedankenlesen, Interpretieren und Bewerten.

Ich möchte an dieser Stelle auch noch meine beiden helfenden Hände vorstellen:

Gestatten: Susi und Franz! Agile Beziehungsprofis. Sie werden immer wieder darauf hinweisen, welche agilen Begriffe im Spiel sind.

1.7   Entwicklung der Persönlichkeit

Wie entwickeln wir uns eigentlich als Menschen, und welche Auswirkungen kann das auf unsere späteren Beziehungen haben? Ich beziehe mich im Folgenden auf die Theorie von Harville Hendrix, dem Begründer der Imago-Therapie, einer sehr erfolgreichen Therapiemethode für Paare. Sein Buch „So viel Liebe wie du brauchst" lege ich dir sehr ans Herz. Er erklärt darin auch wunderbar, wie

Partnerwahl funktioniert und welche Auswirkungen die Wahl unseres Partners auf uns hat.

Viele unserer Prägungen entstehen in der Kindheit. Hendrix beschreibt vier Entwicklungsphasen, die wir durchlaufen:

1. Die **Bindungsphase** (circa 0 bis 15 Monate) – in dieser Phase entwickeln wir emotionale Sicherheit und grundsätzliches Vertrauen.
2. Die **Erforschungsphase** (circa 15 Monate bis 3 Jahre) – in dieser Phase entwickeln wir ein Gefühl für Freiheitsdrang und Grenzen, aber in dem Wissen und Gefühl einer sicheren Verbundenheit zu den Bezugspersonen.
3. Die **Identitätsphase** (circa 3 bis 4 Jahre) – in dieser Phase entwickeln wir ein Gefühl dafür, verschiedene Identitätsanteile in uns zu besitzen. Diese Anteile, die in unterschiedlichen Ausprägungen und Stärken in uns vorhanden sind, bilden unser gesamtes Selbst.
4. Die **Kompetenzphase** (circa 4 bis 7 Jahre) – in dieser Phase entwickeln wir unsere Stärken. Wir gehen mit Erfolgen und Misserfolgen um, entwickeln Interessen und erhalten dafür auch Anerkennung.

Nun kann es in all diesen Phasen zu Verletzungen kommen. Unsere Eltern können uns häufig das, was wir eigentlich brauchen, nicht geben. Vielmehr geben sie uns unbewusst das, was sie selbst gebraucht hätten. Eltern und andere Bezugspersonen sind eben auch nicht perfekt. Man kann aber davon ausgehen, dass sie in den meisten Fällen nach bestem Wissen und Gewissen handeln. Und trotzdem, eigene Erfahrungen und Prägungen, eigene Werte begleiten natürlich auch sie und schränken ihre Wahlmöglichkeiten ein.

Wie kommt es nun zu Verletzungen? Ich möchte dies anhand eines Beispiels erläutern: Stell dir vor, ein kleiner Junge, der sich gerade in der Erforschungsphase befindet, spielt in der Sandkiste mit anderen Kindern. Er spielt, doch alle paar Minuten ruft er auch nach Papa, der ein paar Meter entfernt auf einer Bank sitzt. Er ist völlig vertieft ins Sandburgenbauen. „Hallo Papa, schau, meine Burg!" Papa winkt zurück. „Papa, ich geh schaukeln." Papa winkt. Und schon läuft der Junge zur Schaukel. In diesem Moment erhält Papa einen Anruf aus der Firma. Um ungestört zu sein, geht er ein paar Schritte weiter hinter einen Baum. „Hallo Papa, schau, wie hoch ich schaukeln kann. Papa, Papa, Papaaaa!" In diesem Moment passiert etwas: Während des Erforschens ist die sichere Basis plötzlich verschwunden. Der Junge lernt, dass es unsicher ist, zu weit weg zu sein. Unbewusst und um uns zu schützen, kann sich folgender Glaube manifestieren: *Nur wenn ich nahe bin, bin ich sicher!*

Mit diesem Glauben ist das Risiko natürlich groß, später ein Klammerer zu werden. *Nahe sein* wird gleichgesetzt mit *geliebt werden*.

Es gibt natürlich unendlich viele andere Möglichkeiten, wie es in den einzelnen Phasen zu Verletzungen kommen kann. Im zuvor genannten Beispiel könnte der Vater auch überfürsorglich sein: „Pass auf, das ist gefährlich. Geh nicht so weit weg! Tu dir nicht weh!" Das könnte dann eher zum Glaubenssatz führen: *Ich muss mich abgrenzen, sonst werde ich erdrückt.*

Oder in der Identitätsphase. Wenn der Sohn sagt: „Schau mal, Mama, ich bin ein Tänzer." Und Mama ruft enttäuscht: „Buben tanzen nicht!" Da kann schon mal der Gedanke kommen: *Ich bin nicht richtig, wie ich bin.* Und vielleicht auch in der Kompetenzphase. „Schau mal, Papa, was ich für einen tollen Turm gebaut habe." Und Papa sagt: „Geh bitte, das ist doch kein Turm, der ist ja völlig schief. So geht das richtig!" Die Konsequenz könnte sein, dass sich der Glaube manifestiert: *Ich kann wirklich gar nichts gut.* Es sind oft unüberlegte Kleinigkeiten, die eine große Auswirkung haben. Manches wiegt schwerer, anderes leichter. Nach und nach können sich jedoch Wunden bilden, die sehr lange bleiben.

Ein tieferes Eingehen auf diese Thematik würde den Rahmen des Buches sprengen. Trotzdem möchte ich dir einen kurzen Überblick nicht vorenthalten – über mögliche Auswirkungen, aber auch Chancen, die Hendrix beschreibt.

Bevor ich dir die vier Phasen genauer vorstelle, noch ein kleiner Hinweis: In unserer Liebe, in unseren Beziehungen stecken oft viel Abhängigkeit und viele Bedingungen. Dabei ist zu unterscheiden zwischen einer gesunden Abhängigkeit, die sich in einer Beziehung entwickelt, und einer ungesunden Abhängigkeit. Ungesunde Abhängigkeit bedeutet in diesem Sinne, dass ich meine Stimmung, meine Laune, meine Zufriedenheit vom Partner abhängig mache: „Ja, ich bin ja nur so, weil du so bist!"

Das ist wenig zweckmäßig – und damit schließt sich auch der Kreis zu meinen Bezugspersonen in der Kindheit. Wenn ich bei meinem Partner suche, was mir meine Eltern nicht gegeben haben, dann suche ich an der falschen Stelle.

Die Verletzungen in der Partnerschaft sind oft eine Kopie der früher erlebten Verletzungen. Daher stelle ich in Beratungsgesprächen auch sehr oft die Frage: „Woran erinnert Sie dieses Verhalten?" oder „Wann haben Sie dies schon einmal gespürt?" Du vermutest nun sicher schon, wo uns diese Fragen hinführen.

Und doch ist unser Partner an dieser Stelle unglaublich hilfreich. Indem er unsere Knöpfe drückt und in uns diese Gefühle wieder hervorruft, haben wir die Möglichkeit, unsere alten Wunden zu heilen. Unser Partner kann helfen, unseren alten Rucksack auszuräumen und ihn mit neuen Inhalten zu befüllen. Ganz in dem Sinn: War dein Partner heute nicht dein Freund, so war er doch ein Lehrer. Wenn du das als Geschenk annehmen kannst, bist du einen großen Schritt weiter.

Kommen wir nun zu den vorher angesprochenen Verletzungen in den vier Phasen und möglichen Auswirkungen auf die Beziehung. In den beiden rechten Spalten findest du jeweils die Maximalausprägung zur einen oder anderen Seite:

Verletzung in der Bindungsphase		
Wie schütze ich mich?	Festhalten	Abstand
Ich glaube, ...	solange ich dich festhalte, ist unsere Beziehung sicher	ich brauche Abstand, sonst werde ich vereinnahmt
Ich verhalte mich ...	klammernd, fordere und suche Nähe	Abstand suchend, halte mir alle Türen offen
Streitthemen	Nie hast du Zeit für mich	Ich brauche Raum für mich
Streitverhalten	Eher emotional, fordernd, faule Kompromisse	Eher rational, aus dem Weg gehen, kalt
Ziel	Gut mit mir selbst umgehen, loslassen lernen, in Verbindung mit mir selbst kommen	Eigenständig, aber auch verbunden sein, mich in die Lage anderer versetzen, Gefühl vermitteln

Verletzung in der Erforschungsphase		
Wie schütze ich mich?	Verfolgen	Abgrenzen
Ich glaube, ...	wenn ich dir nahe bin, werde ich geliebt	wenn ich dir nahe komme, werde ich vereinnahmt
Ich verhalte mich ...	verfolgend, aufdringlich	distanzierend, freiheitsliebend
Streitthemen	Du bist unzuverlässig	Du nimmst mir die Luft zum Atmen

Streitverhalten	Kritisieren, beschweren, fordern	Rechtfertigen, fliehen
Ziel	Eigene Interessen und Hobbys, Entfernung zum Partner aushalten	Gefühle ausdrücken, Nähe aushalten

Verletzung in der Identitätsphase		
Wie schütze ich mich?	Nachgeben	Kontrollieren
Ich glaube, ...	nur wenn ich dir entspreche, liebst du mich	es ist gefährlich, sich zu öffnen
Ich verhalte mich ...	unterwürfig, unklar	dominant, passiv-aggressiv
Streitthemen	Immer musst du alles bestimmen und kontrollieren	Von dir kommt nichts, ich kenne dein wahres Ich nicht
Streitverhalten	Nachgebend, zu allem Ja und Amen sagen	Willen aufzwingen, unnachgiebig, recht haben
Ziel	Grenzen setzen, direkt und klar kommunizieren, sich seiner selbst bewusst werden	Empathisch sein, zuhören, andere Meinungen akzeptieren, Kontrolle loslassen

Verletzung in der Kompetenzphase		
Wie schütze ich mich?	Manipulieren	Konkurrieren
Ich glaube, …	du wirst mich lieben, ich bin gut (für dich)	nur wenn ich perfekt bin, werde ich geliebt
Ich verhalte mich …	manipulierend, harmoniebedürftig	keine Fehler machen wollend, vollkommen sein, nie zufrieden
Streitthemen	Für dich gibt es nur besser, schneller, stärker	Du versuchst andauernd zu manipulieren
Streitverhalten	Schnell Kompromisse schließen, manipulieren	Kampf um die Führung
Ziel	Kompetenzen entwickeln, Erfolg des Partners anerkennen	Eigenen Erfolg annehmen, aber auch eigene Schwächen akzeptieren, Partner wertschätzen

Off Topic: Während ich diese Zeilen schreibe, wird mir schlagartig wieder einmal einiges über mich selbst klar. Geht es dir vielleicht ähnlich?

Unser Potenzial zu entwickeln und unsere Ziele klar zu definieren, hat also mehrere Vorteile: Einerseits stoßen wir damit die Heilung unserer alten Wunden an; zugleich lernen wir, was hinter dem Verhalten unseres Partners steckt.

Durch den Ausbau unseres Potenzials wird es auch nicht mehr so einfach möglich, unsere geliebten Knöpfe zu drücken. Denn Schritt für Schritt kommen wir an den Punkt, an dem wir mehr und mehr bewusst handeln. Wir kennen unsere

Stärken, aber auch unsere Schwächen und vor allem unsere wunden Punkte. Und wir kennen die Schwächen und wunden Punkte unseres Partners. Das hilft uns, bei auftretenden Konflikten einen Schritt zurückzutreten und bewusst zu handeln.

Wichtige Fragen in diesem Zusammenhang, die sich beide Partner immer wieder stellen sollten:

Was hat das mit mir zu tun? Werde ich wirklich gerade provoziert? Macht mein Partner wirklich gerade etwas falsch? Oder habe ich ganz einfach eine versteckte Erwartung in mir, die nicht erfüllt wurde? Ist also mein Partner gerade nur eine Projektionsfläche, auf der mein eigener Film abläuft?

Deine Erwartungen bestimmen immer, was du tatsächlich wahrnimmst. Und je reflektierter du dies steuern kannst, desto einfacher wird es für dich.

Alte Wunden sitzen oft sehr tief. Es ist nicht leicht, sie zu heilen. In diesem Sinne: Betrachte deinen Partner bitte als großes Geschenk. Er ist zwar auf der einen Seite derjenige, der die Knöpfe drückt und somit die alten Wunden wieder spürbar macht. Auf der anderen Seite ist er aber auch jene Person, die dir wunderbar bei der Heilung dieser alten Wunden helfen kann.

So weit, so gut. Mit diesem Basiswissen im Gepäck können wir uns nun gemeinsam auf die Reise machen. Kommen wir also zum ersten Schritt unseres neuen Weges und sehen uns an, von wo wir eigentlich starten. Den Startpunkt zu kennen, ist eine wichtige Voraussetzung. Stell dir vor, du willst zum Stephansdom und jemand sagt zu dir: „Nach 100 Metern links und dann immer geradeaus bis zum großen Platz dort." Dann stimmt das nur, wenn du gerade am Wiener Opernring stehst. Bist du gerade im Tiergarten Schönbrunn in Wien, am Münchner Marienplatz oder am Brandenburger Tor in Berlin, wirst du mit dieser Beschreibung niemals an dein Ziel kommen.

2 Wo stehen wir eigentlich gerade?

Eine der am häufigsten anzutreffenden agilen Methoden in der Produktion, aber auch im Projektmanagement ist Kanban. Kanban ist ein aus Japan stammendes Werkzeug zur evolutionären und inkrementellen (=schrittweisen) Verbesserung. Und genau das ist es auch, was wir in unserer Beziehung anstreben sollten. Kleine und nachhaltig wirksame Verbesserungen. Du kennst sicher auch solche Pläne: *Ab heute wird alles anders, kein Streit mehr, keine Schokolade mehr, jeden Tag Sport …* Bei mir hält so ein Vorsatz dann maximal eine Woche. Und der Gewinner durch k. o. und ungeschlagener Weltmeister: der innere Schweinehund! Ein häufiges Problem bei Big-Bang-Änderungen besteht darin, dass wir diese nicht lange durchhalten. Der Schweinehund ist schnell, stark und mit allen Wassern gewaschen. Er versucht, uns mit allen Kräften da festzuhalten, wo wir jetzt sind. Veränderungen sind für ihn der blanke Horror.

Einfacher ist es, kleine Schritte zu gehen. Denn dann denkt er sich: *Aha, alles beim Alten, keine Gefahr, dann lege ich mich wieder schlafen.* Und so gelingt es uns über die Zeit, ihn auszutricksen. Denn wenn er merkt, wie viel sich geändert hat, ist es zu spät.

Kaizen ist eine ebenfalls aus Japan stammende Philosophie, die sehr gut mit Agilität harmoniert. Diese Philosophie beruht auf der Annahme, dass es immer etwas zu optimieren gibt. Oft wird Kaizen deshalb mit KVP, dem kontinuierlichen Verbesserungsprozess, gleichgesetzt. Auch hier liegt der Fokus auf kleinen, aber kontinuierlichen Schritten. Und auch in der Beziehung lohnt es sich, den Weg mit kleinen Schritten zu gehen.

Wer Kanban anwendet, startet nicht mit großen Umstrukturierungen, sondern setzt beim Status quo an. Und genauso machen wir es auch. Idealerweise startet man an dem Punkt, an dem man sich befindet. Unser erster Schritt ist also die Analyse, wo wir gerade stehen. Wo liegen die größten Problemquellen und Brennpunkte der Beziehung? Was funktioniert derzeit schon gut und sollte auch beibehalten werden?

Warum sollte man sich eigentlich um die Problemquellen kümmern? Warum sollte man seine alten Wunden wieder aufreißen? Diese haben doch schon genug Schmerzen verursacht!

Das ist richtig, der neue Weg wird an manchen Stellen Schmerzen bereiten. Für den neuen Weg wirst du deine persönliche Komfortzone verlassen müssen. Der neue Weg wird dir mitunter deine Verletzlichkeit aufzeigen. Doch für dein persönliches Wachstum ist diese Bereitschaft eine wichtige Voraussetzung.

Leider verschwinden Probleme selten von selbst. Alte Wunden heilen nicht automatisch. Einige Menschen wollen diesem Schmerz ausweichen und flüchten in die nächste Beziehung. Doch schon bald sind sie wieder am gleichen Punkt angelangt. Und dann flüchten sie weiter, sie flüchten vor sich selbst. Die große Schwierigkeit dabei: Ablehnen oder Kämpfen macht die Probleme größer und größer. Das Annehmen ist Voraussetzung für persönliches Wachstum. Und somit wird unsere Beziehung zum Spiegelbild unserer persönlichen Entwicklung.

Aus meiner Sicht der einzige wirklich zielführende Weg: Schritt für Schritt die Probleme angehen, neue Möglichkeiten und zufriedenstellende Lösungen suchen.

Ich stelle dir zur Standortbestimmung einige Werkzeuge vor, die durch unterschiedliche Herangehensweisen charakterisiert sind. Idealerweise führst du alle Möglichkeiten durch, da du so eine recht umfassende Analyse deines Status quo aus unterschiedlichen Blickwinkeln erhältst. Du kannst sehr davon profitieren, wenn du die Analyse allein durchführst. Noch besser ist es natürlich, wenn dein Partner auch seine Bereiche analysiert, denn dann könnt ihr euch im Anschluss austauschen und Ähnlichkeiten sowie Unterschiede diskutieren.

Die Anwendung dieser Werkzeuge sorgt für umfassende Transparenz, die dir in weiterer Folge den Weg zur zufriedenen Beziehung erheblich erleichtern wird. Transparenz heißt einerseits sichtbar machen, andererseits aber auch dunkle Flecken und Schatten erkennen, die uns unbewusst leiten, um sie nach und nach kleiner werden zu lassen.

Beginnen wir also damit, deinen Beziehungswerkzeugkoffer zu bestücken.

2.1 Werkzeug: die fragenbasierte Analyse

1. Auf einer Skala von 1 bis 10 (1 = katastrophal, 10 = perfekt), wo würdest du deine Beziehung derzeit einordnen?
2. Welche drei Bereiche deiner Beziehung laufen derzeit richtig gut?
3. In welchen drei Bereichen deiner Beziehung siehst du Verbesserungspotenzial?
4. Was sind die drei Themen, über die ihr euch am häufigsten streitet?
5. Welches Thema beschäftigt dich gerade jetzt im Moment?
6. Wofür bist du deinem Partner dankbar?
7. Welche drei Punkte deiner Beziehung haben sich im Laufe der Zeit merkbar verändert/verschlechtert?
8. Was sind die drei besten Eigenschaften deines Partners?

9. Welche drei Eigenschaften deines Partners würdest du gerne verändern?

10. Was sind deine drei besten Eigenschaften?

11. Bei welchen drei deiner Eigenschaften siehst du Veränderungspotenzial?

12. Wie bewertest du deine Kommunikationsfähigkeiten?

13. Wie schätzt du die Streitkultur in eurer Beziehung ein?

14. Was müsstest du tun, damit sich eure Beziehung sofort merkbar verschlechtert?

15. Was müsste dein Partner tun, damit sich eure Beziehung sofort verschlechtert?

16. Was sind für dich die drei wichtigsten Punkte einer Beziehung?

17. Wie schätzt du deine Beziehung in Bezug auf diese Punkte ein?

18. Wenn du nur einen einzigen Punkt in deiner Beziehung verändern dürftest, welcher wäre das?

19. Wenn du die zuvor genannten Punkte verändern würdest – bezogen auf Frage 1 –, auf welchem Wert der Skala würde die Beziehung danach stehen?

    Zur Erinnerung Frage 1: „Auf einer Skala von 1 bis 10 (1 = katastrophal, 10 = perfekt), wo würdest du deine Beziehung derzeit einordnen?"

20. Was waren die drei wichtigsten Gründe, weshalb du dich in deinen Partner verliebt hast?

Wie schon erwähnt, findest du alle Werkzeuge zum Ausdrucken im Downloadbereich dieses Buches. Gehe dazu auf www.liebeistplanbar.at/vorlagen/

2.2 Werkzeug: das Analysediagramm

Daraus entsteht ein schönes Bild, welches deinen Status quo darstellt. Je weiter die Werte zum Rand reichen, umso besser funktioniert das bereits jetzt in deiner Beziehung.

Ein kleiner Tipp an dieser Stelle: Überleg nicht lange, wie ein Begriff genau definiert wird. Verlass dich auf dein Bauchgefühl und nimm die erste Zahl, die dir in den Sinn kommt.

1.	Wachstum	1 2 3 4 5 6 7 8 9 10
2.	Wahrheit	1 2 3 4 5 6 7 8 9 10
3.	Nähe	1 2 3 4 5 6 7 8 9 10
4.	Vertrauen	1 2 3 4 5 6 7 8 9 10
5.	Unterstützung	1 2 3 4 5 6 7 8 9 10
6.	Spaß	1 2 3 4 5 6 7 8 9 10
7.	Toleranz	1 2 3 4 5 6 7 8 9 10
8.	Respekt	1 2 3 4 5 6 7 8 9 10
9.	Wertschätzung	1 2 3 4 5 6 7 8 9 10
10.	Unabhängigkeit	1 2 3 4 5 6 7 8 9 10
11.	Kommunikation	1 2 3 4 5 6 7 8 9 10
12.	Streitkultur	1 2 3 4 5 6 7 8 9 10
13.	Zuverlässigkeit	1 2 3 4 5 6 7 8 9 10
14.	Sicherheit	1 2 3 4 5 6 7 8 9 10

Nun übertrage die Werte in das Analysenetz.

Standortbestimmung deiner Beziehung

2.3 Werkzeug: dein innerstes Selbstbild

Manch einer sagt philosophisch, wir werden als ganzheitliche Wesen geboren. Leider wird uns diese Ganzheit nach und nach genommen. Unsere Erziehung, die Schulzeit, die Gesellschaft – alles trägt dazu bei, dass wir lernen, uns anzupassen. Natürlich hat das auch jede Menge Vorteile, denn es gibt einfach Dinge, die man in einer Gesellschaft nicht tun darf. Zum Beispiel Socken zu Sandalen tragen. So etwas gehört sich einfach nicht!

Spaß beiseite, wir werden geprägt, von vielen wichtigen, jedoch auch vielen einschränkenden „Erziehungsregeln", die uns unsere Ganzheit nehmen. Und dies führt dazu, dass wir diese Qualitäten in uns nicht leben können. Manches fehlt uns womöglich gar nicht, bei anderen Punkten wissen wir vielleicht nicht, dass sie fehlen. Doch leichter würden wir uns tun, wenn wir unser vollinhaltliches Repertoire nutzen könnten. Die vier Bereiche, die ich anspreche, betreffen unser Denken, Fühlen, Empfinden und Handeln.

Wie entstehen nun Einschränkungen?

Da gibt es genügend Beispiele.

„Sitz still bei Tisch!, „Widersprich deiner Lehrerin nicht!" oder „Misch dich nicht ein!" – das hilft sicher nicht dabei zu lernen, dass Handeln gut ist.

„Ein Indianer kennt keinen Schmerz" und „Immer lächeln, mein Sonnenschein!" – und wo bitte bleiben die wahren Gefühle?

„Es gehört sich nicht, sich selbst zu berühren!" oder „Halt den Mund, das verstehst du nicht!" – das trägt nicht dazu bei, seine Empfindungen oder seine Lust am Denken zu festigen.

Wie sieht es nun später in der Beziehung aus?

Es gibt sicher einige von euch, die schon mal gehört haben: „Jetzt komm endlich in die Gänge!". Das sind die typischen »Ja, da müsste man mal dieses oder jenes tun«-Menschen. Man kann sich ziemlich sicher sein, dass diese Personen kleinere oder größere Defizite im Bereich Handeln haben.

Oder alle die schon gehört haben: „Du bist wie ein Eisberg, an dir prallt alles ab." Das sind möglicherweise die früheren Indianer, die ihren Schmerz nicht spüren durften. Und das wird jetzt zum Problem.

Nun sind natürlich nicht alle Menschen gleich. Nicht jeder kann alle Qualitäten wie Denken, Fühlen, Empfinden und Handeln gleichermaßen ausgeprägt haben, das ist auch gar nicht nötig.

Vielleicht gibt es aber Bereiche, bei denen du dir denkst, es wäre hilfreich, etwas von deiner verlorenen Persönlichkeit zurückzuholen, um mehr in deine gesamtheitliche Kraft zu kommen?

Wenn du nun folgende Übung durchführst, denk zurück an deine Kindheit. Welche explizit genannten oder auch nur vermuteten Einschränkungen hast du wahrgenommen? Sammle alle Sätze, an die du dich erinnerst. Folgende Beispiele können dir helfen:

1. **Bereich Denken**
   - Das verstehst du nicht!
   - Deine Gedanken interessieren niemanden!
   - Du bist dumm!
   - Man muss nicht alles aussprechen, was einem durch den Kopf geht!
   - Denk nicht nach!
   - Denken hilft dir nicht weiter, nur mit Arbeit kommt man ans Ziel!
   - ...

2. **Bereich Fühlen**
   - Hör auf zu lachen!
   - Nicht weinen, alles ist gut.
   - Du darfst niemals Schwäche zeigen!
   - Zeig deinen Schmerz nicht!
   - Zeig deine Gefühle nicht!
   - Lächle, damit man nicht sieht, was in dir vorgeht!
   - ...

3. **Bereich Empfinden**
   - Berühr dich nicht!
   - Schäm dich!
   - Greif da nicht hin!
   - Das ist pfui!

- Steh nicht vorm Spiegel, sonst wirst du eingebildet!
- Kratz dich nicht!
- ...

4. **Bereich Handeln**
   - Hör auf zu zappeln/laufen/springen!
   - Mach dich nicht so breit!
   - Schrei nicht/sing nicht!
   - Sitz ruhig!
   - Fuchtel nicht mit den Armen herum!
   - ...

Nun betrachte das Haus deiner Energie (du findest es ein paar Zeilen unten). Schattiere die einzelnen Zimmer mit dunkler Farbe. Je stärker du den jeweiligen Anteil unterdrückst, desto mehr wird vom Zimmer ausgemalt. Hast du in einem Bereich besonders viele Sätze gesammelt, wird dieses Zimmer dunkler sein als andere. Erlaubst du es dir beispielsweise überhaupt nicht zu fühlen, dann ist das „Fühlen-Zimmer" komplett schwarz ausgemalt.

Das Gleiche machst du für deinen Partner. Hier kannst du natürlich nur vermuten. Benutze dafür bitte eine helle Farbe, da es ja nur eine Annahme ist.

Mein Haus der Lebensenergie

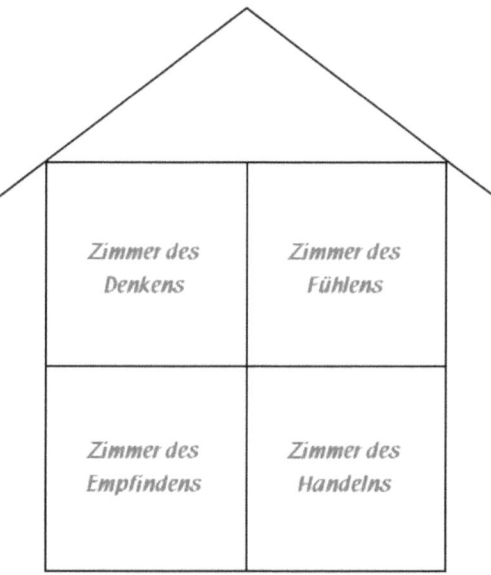

Haus der Lebensenergie meines Partners

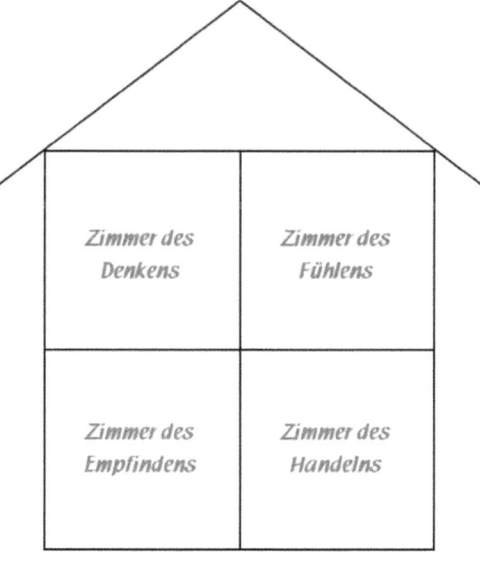

Unterhalte dich nun mit deinem Partner über eure Erkenntnisse. Bewerte nicht, interpretiere nicht, sondern lass das Gehörte einfach stehen. An dieser Stelle ist nichts besser oder richtiger und schon gar nichts falsch.

Überlegt euch gemeinsam, an welchen Stellen du eine Ergänzung für deinen Partner bist und welche Bereiche du zukünftig gerne ausbauen möchtest, um dir einen deiner Persönlichkeitsanteile zurückzuholen. Ganz so wie die britische Girlband Atomic Kitten Anfang dieses Jahrtausends besungen hat: „You can make me whole again".

2.4 Werkzeug: die Beziehungs-Timeline

Im Laufe jeder Beziehung gibt es Höhen und Tiefen. Das ist völlig normal und lässt sich nicht vermeiden. Daraus ergeben sich sogar positive Aspekte. Das klingt zunächst paradox, aber erst durch Tiefen lernen wir die Höhen richtig schätzen. Und gemeinsam gelöste Probleme, gemeinsam überstandene schlechte Zeiten schweißen zusammen und geben Kraft.

An dieser Stelle ist es Zeit, nüchtern zu betrachten, wie deine ganz persönliche Beziehungs-Timeline aus deiner Sicht aussieht. Zeichne in der folgenden Grafik jene Punkte ein, die für dich relevante Zeitpunkte deiner Beziehung darstellen und vergib für die einzelnen Punkte einen Wert, wie du diesen Moment einge-schätzt hast. 1 bedeutet: „An diesem Punkt war eine Trennung in Sichtweite.", 10 bedeutet: „Ich konnte es vor lauter Liebesglück kaum fassen."

Beziehungs-Timeline

Folgendes kurzes Beispiel dient zur Veranschaulichung:

Beziehungs-Timeline

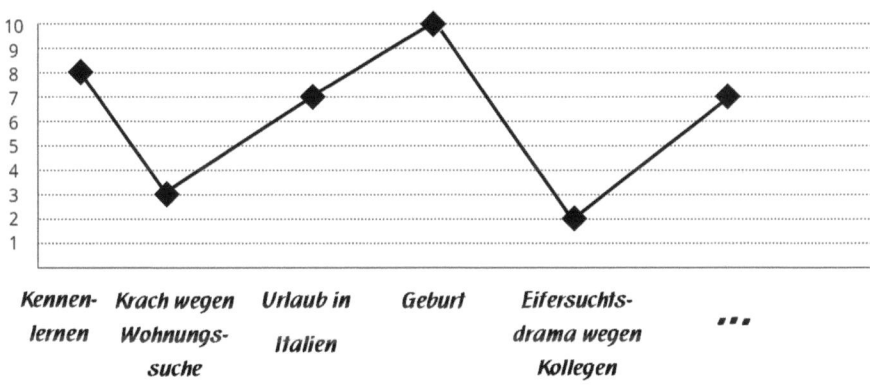

Deine Timeline wird vermutlich mehr Punkte aufweisen. Erfasse alle relevanten Ereignisse, die für dich eine Bedeutung haben. Bitte deinen Partner, dies auch für sich zu tun. Im Anschluss daran tauscht euch darüber aus. Sorge dich nicht, dass alte Geschichten aufkochen könnten. Sollten an dieser Stelle alte Konflikte auftauchen, so ist das sogar hilfreich, da wir ja eine Bestandsaufnahme machen wollen. Hat sich also in der Vergangenheit ein fauler Kompromiss eingenistet oder sind Wunden offengeblieben, die in deinem Inneren die Beziehung belasten, dann ist jetzt der richtige Zeitpunkt, sich damit auseinanderzusetzen.

2.5 Werkzeug: die emotionalen Thermometer

Und ab geht's in die „emotionale Sauna". Idealerweise herrscht in einer Beziehung ein Gleichgewicht zwischen Geben und Nehmen. Dieses Gleichgewicht ist sehr individuell – und nur die Partner selbst können es als gerecht oder ungerecht beurteilen. Hälfte/Hälfte im Haushalt kann sein, muss aber nicht. Solange das jeweilige Paar ein gutes Gleichgewicht gefunden hat, ist vieles möglich. Problematisch wird es erst, wenn einer oder mehrere Bereiche aus dem Gleichgewicht rutschen und eine emotionale Schuld aufbauen. Mit der Zeit steigt die Temperatur nämlich immer höher, bis es schließlich unerträglich heiß wird und man es nicht mehr aushält. Mit diesem Werkzeug kannst du feststellen, wie es um deine persönliche emotionale Temperatur bestellt ist.

Es gibt vier Thermometer:

1. **Zeit:** Das erste Thermometer spiegelt die zeitliche Komponente deiner Beziehung wider, beispielsweise: Wie viel Zeit haben wir gemeinsam? Wie viel Zeit habe ich für mich? Wie viel Zeit verbringen wir mit Gesprächen? Wie viel Zeit verbringen wir mit Freunden?
2. **Raum:** Das zweite Thermometer steht für die räumliche Komponente, beispielsweise: Wie viel Nähe haben wir? Wie viel Distanz? Wie sieht es mit Rückzugsmöglichkeiten aus? Als wie präsent empfinde ich meinen Partner? Wie viel Sicherheit empfinde ich in der Beziehung?
3. **Energie:** Das dritte Thermometer steht für Energie in der Beziehung, beispielsweise: Wie viel Zärtlichkeit erhalte ich in der Beziehung? Wie viel Zärtlichkeit kann ich geben? Wie sieht es mit Vertrauen aus? Welche Punkte geben mir zusätzliche Energie? Welche Punkte rauben mir Energie? Wie viel Respekt und Wertschätzung erfahre ich?
4. **Ökonomie:** Das vierte Thermometer steht für die ökonomischen Bestandteile der Beziehung, beispielsweise: Wie ist unser Geld in der

Beziehung aufgeteilt? Wie sieht das Verhältnis zwischen Sparen und Konsum aus? Als wie geizig/spendabel empfinde ich meinen Partner?

Der Sinn der Übung besteht hier darin zu erkennen, ob es ein erlebtes Ungleichgewicht gibt oder ob Anschauungen oder Bedürfnisse unterschiedlich sind.

Nutzung der emotionalen Thermometer

1. Zeichne für jedes Thema die Temperatur an. Welche Themen sind heißer, welche lassen dich eher kalt? Zeichne danach die gefühlte Durchschnittstemperatur ein – diese kann je nach deiner Gefühlslage vom mathematischen Durchschnitt abweichen. Lass auch deinen Partner seine Werte in ein eigenes Blatt eintragen.
2. Erklärt euch gegenseitig eure Thermometer. Wenn es Bedarf gibt, sprecht auch über die Hintergründe, wieso ihr dies so erlebt.
3. Findet ein gemeinsames Übereinkommen, welche Bereiche für euch gut oder akzeptabel sind und welche eine Neuverhandlung benötigen.

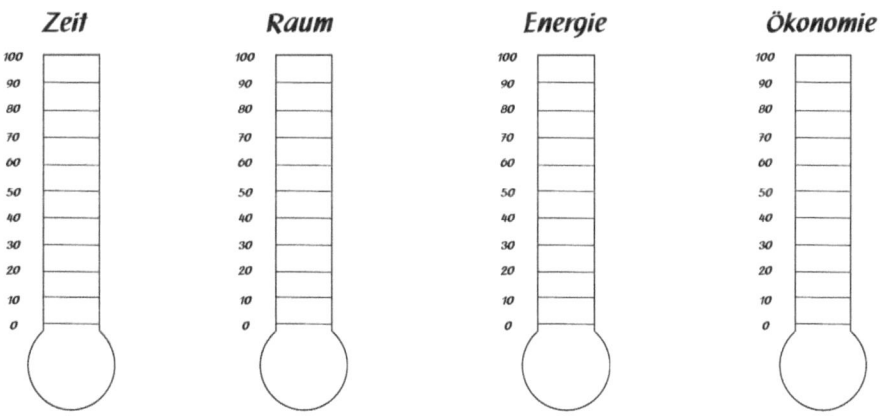

Hier zeige ich dir ein kurzes Beispiel zur Veranschaulichung:

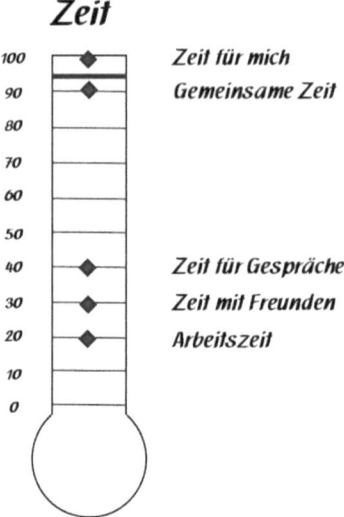

Dieses Beispiel zeigt, dass es einige Bereiche in angenehmen Temperaturregion gibt. Die Arbeitszeit oder die Zeit mit Freunden wird als stimmig erlebt. Was jedoch auf den ersten Blick ersichtlich ist, dass hier zu wenig „Zeit für mich" sowie „Gemeinsam erlebte Zeit" gespürt wird, diese sind mit hoher Temperatur eingezeichnet.

Nun könnte man meinen, dass sich dies sehr schön ausgleicht. Dem ist aber nicht so, denn individuell gefühlt ist die Durchschnittstemperatur (im Bild als dicke Linie bei circa 93 Grad eingezeichnet) extrem hoch. Diese Sauna muss also bald verlassen werden, bevor es zu bleibenden Schäden kommt.

In diesem Beispiel sollte schnell eine Lösung in den hohen Temperaturbereichen angestrebt werden. Wie diese aussehen kann, ist individuell. Vielleicht kann etwas weniger Zeit mit Freunden dafür eingetauscht werden. Womöglich kann der Partner für Entlastung sorgen

Betrachtet jedes Thermometer allein, aber auch alle vier Thermometer in ihrer Gesamtheit. Das Ziel liegt darin, Lösungen zu finden, damit alle Thermometer für beide Partner auf ein gutes Maß reguliert werden. Es schadet nicht, wenn die Temperatur in einem Bereich höher ist, sofern das von einem anderen Bereich kompensiert wird.

2.6 Werkzeug: unsere Streitpunkte

Hier geht es darum, Themen zu identifizieren, die immer wieder an der Oberfläche auftauchen. Es gilt der Grundsatz: *Was wichtig ist, kommt wieder. Und was wiederkommt, ist wichtig.*

Unser Partner versteht es wie kein anderer, bei uns die richtigen Knöpfe zu drücken. Jene Punkte, die uns augenblicklich vom entspannten Panda zum tobenden Nashorn mutieren lassen.

Nun ist es ganz normal, dass jeder Mensch einige, nennen wir sie mal so, liebevolle Macken hat. Doch es gehören immer zwei dazu – du kannst nicht alleine Tango tanzen. Wenn dich also bestimmte Eigenschaften immer wieder zur Weißglut bringen, so lohnt sich ein Blick hinter die Kulisse, worum es wirklich geht. Wenn wir nämlich verstehen, was dahintersteckt, tun wir uns um einiges leichter, daran zu arbeiten. Oft handelt es sich um alte Wunden, die uns heute noch behindern, obwohl wir längst der Ursprungssituation entwachsen sind. Der Partner ist nur eine Projektionsfläche, auf der sich unser altes Drama widerspiegelt.

Kaum zu glauben, aber so wird unser Partner zu einem Geschenk, das uns Heilung bringen kann. Je reflektierter und bewusster wir diese Punkte betrachten können, umso leichter fällt es uns, Heilung anzuregen und diese Themen abzuschließen.

Wie finden wir nun die wichtigen Themen heraus? Dazu gibt es wieder ein Hilfsmittel, welches folgendermaßen aussieht:

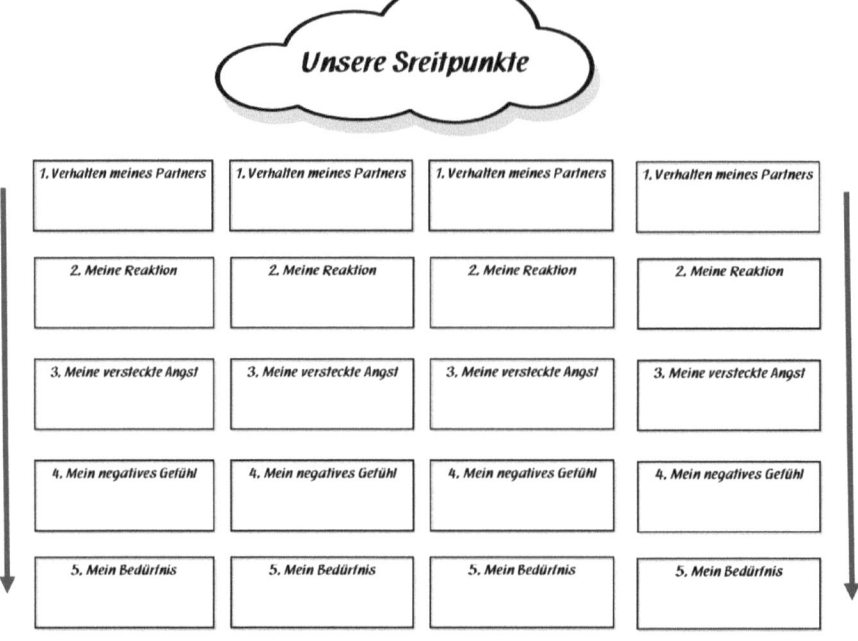

1. **Verhalten meines Partners:** In die erste Spalte trage ein Verhalten ein, das dich verärgert oder frustriert.
2. **Meine Reaktion:** In die zweite Spalte trage ein, wie du gewöhnlich darauf reagierst. Was tust du, wenn dein Partner jenes Verhalten zeigt?
3. **Meine versteckte Angst:** Nun wird es etwas schwieriger. In Spalte 3 trage ein, was deine Angst hinter deinem Verhalten ist. Oft ist diese Angst versteckt – spüre also in dich hinein, worum es wirklich geht.
4. **Mein negatives Gefühl:** In Spalte 4 kommt nun das zugehörige Gefühl zu deinem Verhalten. Welche negativen Gefühle kommen in dir hoch, wenn dein Partner das beschriebene Verhalten zeigt?
5. **Mein Bedürfnis:** In Spalte 5 kommt dein Bedürfnis. Was würdest du eigentlich in dieser Situation brauchen? Wie müsste geschehen, damit dein negatives Gefühl beziehungsweise deine Angst nicht hochkommt?

In folgendem Beispiel findest du eine mögliche Variante, wie ein Ergebnis aussehen kann:

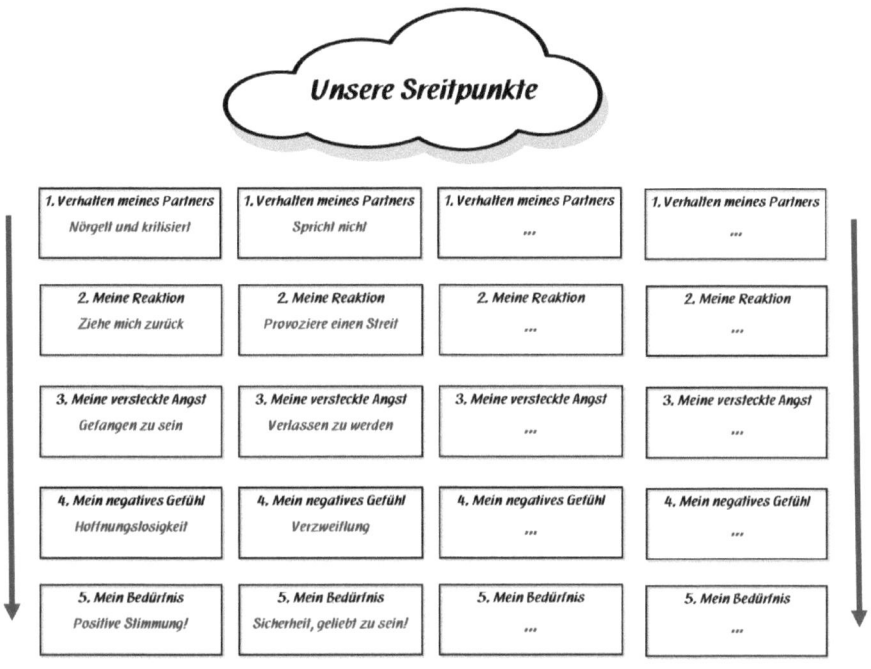

Diese Themen kannst du in weiterer Folge mit deinem Partner besprechen. Es wird in einigen Fällen keine schnelle Lösung möglich sein. Wenn du, aber auch dein Partner Bescheid wissen, dass hier eine alte Verletzung im Spiel ist, wird es schon um einiges leichter. Diese Erkenntnis ebnet euch den Weg heraus aus unbewusst ablaufenden Mustern hin zu einer bewusst geführten Beziehung.

Die gefundenen Themen sind in weiterer Folge auch dann interessant, wenn ihr daran arbeitet, eure Konflikte aufzulösen. Ihr habt dadurch den Vorteil, dass ihr schon wisst, welche Gefühle und Ängste bei euch getriggert werden und welche Bedürfnisse nicht erfüllt werden.

Mit diesem Werkzeug könnt ihr eine umfassende Standortanalyse durchführen. Auch wenn es anfangs vielleicht seltsam sein mag, die Beziehung auf eine sehr analytische Art und Weise zu betrachten, ist das ein wichtiger Schritt. Alles was sichtbar ist, kann bearbeitet werden. Was aber unter dem Teppich schlummert, verleitet uns zu unbewusstem Handeln.

Idealerweise machst du alle Übungen mit deinem Partner. Tauscht euch über die Inhalte und Ergebnisse in einer vorurteilsfreuen und verständnisvollen Art und Weise aus. Mittel und Wege, wie diese nicht immer einfache Kommunikation funktionieren kann, folgen in den weiteren Kapiteln. Diese Analyse wird auch bei den Punkten „Verstehen" und „Klarheit" eine Hilfe sein, denn je besser du deinen Partner (und auch dich) kennst, desto leichter wird es dir fallen, ihn zu verstehen.

Bevor wir nun zum ersten VUCA-Schritt kommen, folgt noch eine kleine, aber wichtige Ergänzung.

3 Musterunterbrechung - Starthilfe für den agilen Weg

Mir gefällt folgende Geschichte sehr gut:

> Vor langer Zeit überlegten die Götter, dass es nicht gut sei, wenn die Menschen ihr Glück fänden, bevor sie tatsächlich bereit dafür wären. Also dachten sich die Götter, dass sie das Glück gut verstecken müssten.

> Einer der Götter schlug vor, das Glück auf dem höchsten Berg der Erde zu verstecken. Aber schnell erkannten die Götter, dass der Mensch bald alle Berge erklimmen würde und das Glück dort nicht sicher genug versteckt wäre.

> Ein anderer schlug vor, das Glück an der tiefsten Stelle des Meeres zu verstecken. Aber auch dort sahen die Götter die Gefahr, dass die Menschen das Glück früher oder später finden würden.

> Plötzlich sagte der Weiseste aller Götter: „Ich habe eine Idee. Lasst uns das Glück im Menschen selbst verstecken. Er wird dort erst dann danach suchen, wenn er reif genug ist. Denn dazu muss er den Weg in sein Innerstes gehen."

> Die anderen Götter waren von diesem Vorschlag begeistert, und so versteckten sie das Glück im Menschen selbst.

Jaja, wirst du nun sagen, *das Glück ist also schon in mir. Ich muss nur zugreifen und alles ist sofort gut? Was ist mit meinem Partner, der mir das Leben oft schwer macht? Was ist mit meinen Eltern, die nicht immer einfach waren? Was ist mit meiner Chefin, die es auf mich abgesehen hat? Was ist mit allen Sonntagsfahrern auf der Straße, die eigentlich lebenslanges Fahrverbot erhalten müssten? Und ich muss einfach nur zugreifen?*

Ja, du hast mit all diesen Dingen recht! Und genauso damit, dass du tatsächlich nur zugreifen musst. Kein anderer Mensch kann dich glücklich machen, außer du selbst. Und ja, es gibt äußere Umstände, die uns das Leben nicht leichter machen. Ja, es gibt fürchterliche Situationen, in denen wir am liebsten alles hinschmeißen möchten. Ja, jeder von uns trägt einen Rucksack voller Enttäuschungen, Verletzungen und Scham. Doch es wird auch nicht besser, wenn wir uns das Leben selbst noch schwerer machen, indem wir mit diesen Widrigkeiten hadern.

Denn du trägst zu 100 Prozent die Verantwortung dafür, wie du deine Wirklichkeit erlebst. Nein, du bist nicht verantwortlich für Katastrophen oder die Dummheit deiner Mitmenschen. Ich wiederhole noch einmal: Du trägst zu 100 Prozent die Verantwortung dafür, wie du deine Wirklichkeit erlebst.

Was bedeutet das?

Du kannst selbst bestimmen, wie du Dinge wahrnimmst. Ob du etwas als Hindernis oder als Chance wahrnimmst, liegt bei dir. Ob du einen Konflikt in der Beziehung als Trennungsgrund oder als Chance wahrnimmst, liegt bei dir. Ob du die Begegnung mit einem unangenehmen Menschen als Horror oder als innere Wachstumschance wahrnimmst, liegt bei dir.

Dazu fällt mir folgende Geschichte ein:

> Ein Mann ging spazieren. Als er an einem Weidezaun vorbeikam, sah er dort ein Pferd stehen. Da er Tiere liebte, kam er sofort näher. Er wollte das Pferd streicheln, doch es wich zurück. Dann kramte er in seiner Tasche und holte ein Stück Zucker hervor. Er hielt es dem Pferd hin, doch das Pferd machte keinerlei Anstalten, das Stück Zucker anzunehmen. Das machte den Mann traurig und er ging weiter. Betrübt dachte er: *Nicht mal dieses Pferd mag mich. Was bin ich doch für ein nutzloser Mensch, den keiner will!*
>
> Kurz darauf kam ein anderer Mann beim Weidezaun vorbei und erblickte das Pferd. Auch er wollte es streicheln, doch das Pferd wich sofort zurück. Dann hielt der Mann dem Pferd ein Stück Zucker hin, doch auch jetzt machte das Pferd keinerlei Anstalten, das Stück Zucker anzunehmen.

Da ging der Mann weiter und dachte: So ein hübsches Pferd. *Schade, dass es so schüchtern war. Ob es vielleicht Zahnschmerzen hat, weil es das Stück Zucker gar nicht wollte?*

Die gleiche Situation und doch völlig unterschiedliche Gedanken. Wie wir eine Situation wahrnehmen, liegt ganz bei uns.

Und genauso ist es auch in unserer Beziehung. Wie du deine Beziehung wahrnimmst, liegt in deinen Händen. Natürlich gibt es in jeder Beziehung schlechtere und bessere Tage. Natürlich kracht es manchmal. Bei einem Paar donnert es heftiger, beim anderen Paar ist es ein schweigender Krach. Natürlich gibt es Enttäuschungen und frustrierende Situationen. Doch die Reaktion darauf liegt bei dir.

Wie sieht so eine Gedankenkonstruktion im Normalfall, oder nennen wir es einfach mal im schlimmsten Fall, aus?

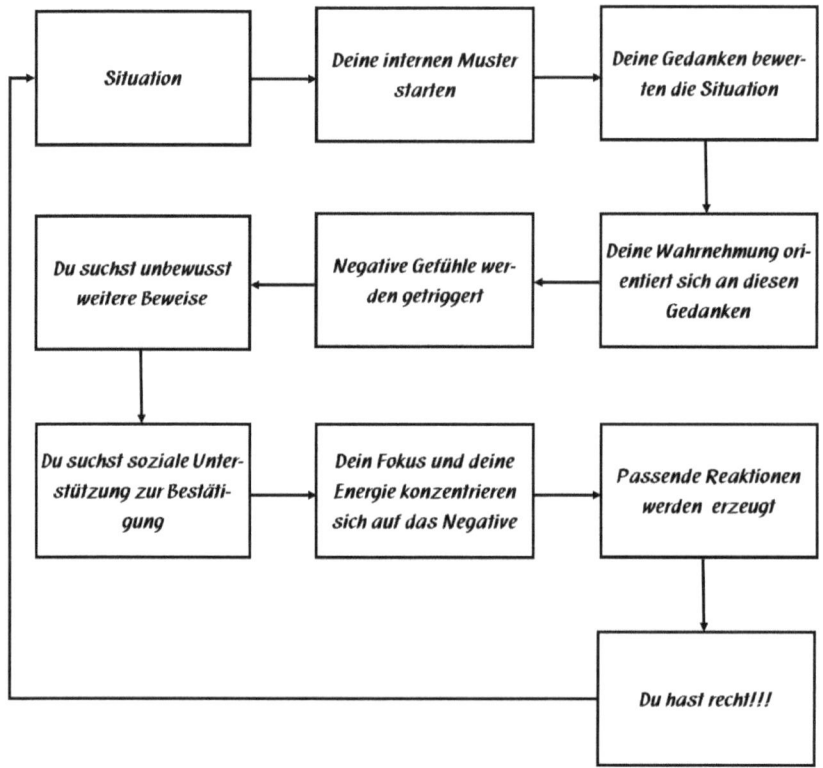

1. **Situation:** Nehmen wir an, dein Partner reagiert in einer Situation schroff.

2. **Deine internen Muster starten:** Deine Gedanken beginnen, sich im Kreis zu drehen und es startet ein Automatismus.

3. **Deine Gedanken bewerten die Situation:** Zum Beispiel: *Was soll das jetzt, ich stelle eine normale Frage und er reagiert so schroff? Was habe ich ihm getan? Das lasse ich mir nicht bieten!*

4. **Deine Wahrnehmung orientiert sich an diesen Gedanken:** Du denkst nach und bemerkst, dass dein Partner gestern auch schon eigenartig war. Und wenn du so überlegst – auch letzte Woche gab es zwei Gelegenheiten, die dir nachträglich eigenartig vorkommen.

5. **Negative Gefühle werden getriggert:** *Ich habe doch gar nichts getan! Im Gegenteil, ich war in der letzten Zeit außergewöhnlich aufmerksam und freundlich. Wie kann er mir das antun?* Du beginnst, dich schlecht zu fühlen.

6. **Du suchst unbewusst weitere Beweise:** *Er hat ja wirklich oft eine unangenehme Art! Wie er mich da letztens beim Geburtstag meiner Mutter behandelt hat, war nicht sehr schön. Und im Urlaub war er auch sehr schroff zu mir, als ich beim Buffet länger gebraucht habe. Und überhaupt, in letzter Zeit, war er immer sehr kurz angebunden, wenn wir telefoniert haben. Fast so, als ob ihm unsere Telefonate in der Arbeit unangenehm wären! Er wird doch nicht dort eine Affäre haben?*

7. **Du suchst soziale Unterstützung zur Bestätigung:** Da es dir zunehmend schlechter geht, rufst du eine Freundin an und erzählst ihr die Geschichte. Sie berichtet dir von einer Bekannten, die gerade genau das Gleiche durchmacht. Auch deren Freund wurde in letzter Zeit immer unangenehmer, und sie überlegt jetzt sogar, ob nicht eine Trennung besser wäre. Und auch deine Freundin selbst kennt dieses Verhalten zur Genüge. *Das sollte man sich keinesfalls bieten lassen!*

8. **Dein Fokus und deine Energie konzentrieren sich auf das Negative:** Du sprichst deinen Partner darauf an. Er sitzt gerade vor dem Computer und sieht konzentriert auf den Bildschirm. Du denkst: *Was macht er da nur? Was verheimlicht er mir?* Im Vorbeigehen zischst du: „Du könntest ruhig etwas freundlicher zu mir sein! Ich bin ja auch nicht so unfreundlich zu dir!"

9. **Passende Reaktionen werden erzeugt:** Dein Partner schaut überrascht auf und sagt: „Was soll das, kannst du immer nur streiten? Ich habe jetzt keine Zeit für so einen Unsinn!"

10. **Du hast recht:** Und schon beginnt der Kreislauf von vorne, du wurdest in allen Punkten bestätigt!

Das verstärkende Element dabei: Zur selben Zeit kann bei deinem Partner ein ganz ähnlich gepoltes Muster ablaufen. Diese beiden Muster ergänzen sich dann wunderbar – und ich heiße dich „herzlich willkommen" in einer Abwärtsspirale.

Doch was ist die Alternative? *Muss ich mir alles gefallen lassen? Trägt mein Partner nicht auch Verantwortung? Sollte nicht er einmal beginnen, denn dann würde ich mich auch gleich besser fühlen?*

In dieser Reihenfolge: Nein! Ja! Nein!

Musst du dir alles gefallen lassen? Nein!

Trägt dein Partner auch Verantwortung? Ja!

Sollte nicht er beginnen, etwas zu verändern? Schön wär's, aber nein!

Meiner Meinung nach liegt hier eines der größten und bedeutendsten Geheimnisse versteckt: Du kannst mit deinen Gedanken Wirklichkeit erschaffen! Dieser essenzielle Punkt ist eine der stärksten Möglichkeiten, die uns als Menschen auszeichnen. Du kannst mit deinen Gedanken Wirklichkeit erschaffen. Das bedeutet auch, dass die Beziehung, in der du dich gerade befindest – und vor allem der Zustand dieser Beziehung – von dir geschaffen wurde.

Und nun stell dir einmal vor, du könntest tatsächlich alles so verändern, wie du willst. Dass mit dem Menschen, der dir gerade so schroff gegenübersitzt, alles möglich wäre, was du dir wünschst.

Und ja, so ist es tatsächlich!

Ist es leicht? Nein!

Ist es erstrebenswert? Ganz sicher!

Es liegt an dir, deine Einstellung zu ändern, damit ein neuer Kreislauf in Gang kommen kann.

Was meine ich damit? Der oben beschriebene Kreislauf könnte auch anders ablaufen, beispielswese so:

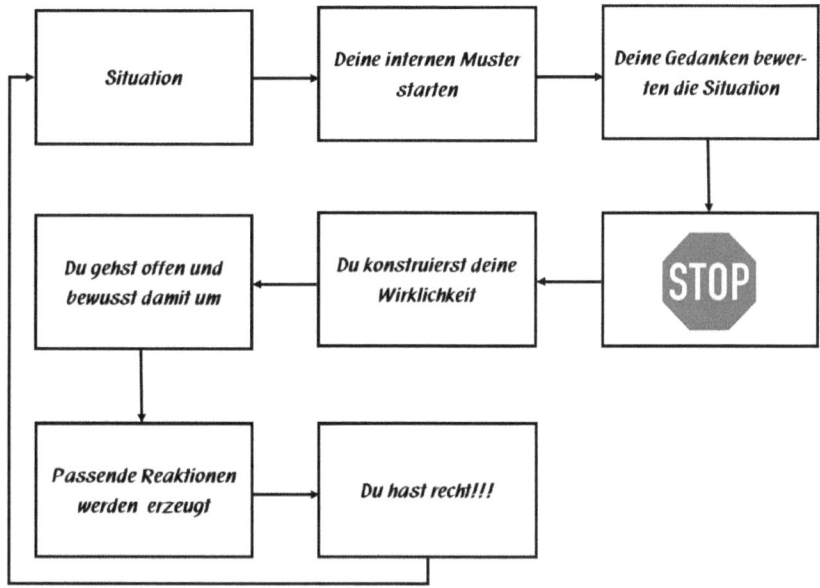

1. **Situation:** Nehmen wir an, dein Partner reagiert in einer Situation schroff.
2. **Deine internen Muster starten:** Deine Gedanken beginnen, sich im Kreis zu drehen, und es startet ein Automatismus.
3. **Deine Gedanken bewerten die Situation:** Dein Gedanke könnte sein: *Was soll das jetzt, ich stelle eine normale Frage und er reagiert so schroff? Was habe ich ihm getan? Das lasse ich mir nicht bieten!*
4. **STOPP:** An dieser Stelle unterbrichst du dein negatives Muster und erinnerst dich an deine Verantwortung sowie deine schöpferischen Möglichkeiten.
5. **Du konstruierst deine Wirklichkeit:** Du überlegst dir, wie du gerne als Partner sein möchtest. Verständnisvoll? Hilfsbereit? Was auch immer für

dich passend ist. Du erkennst, dass du deinen negativen Mustern jetzt keinen Raum geben willst.

6. **Du gehst offen und bewusst damit um:** Dein Partner sitzt vor dem Computer. Du überlegst dir, dass er die letzten Tage tatsächlich sehr kurz angebunden war. *Vielleicht hat er ein wichtiges Projekt in der Arbeit? Oder er ist in Gedanken versunken, da er an einer neuen Idee arbeitet? Oder er ist generell überlastet und sucht einfach Zerstreuung vor dem Computer?* Da du nicht Gedankenlesen willst, dir aber auch wichtig ist, dass deine Bedürfnisse beachtet werden, sprichst du ihn an: „Schatz, ich würde gerne kurz mit dir sprechen. Passt es gerade?" Er antwortet überrascht: „Bitte in 5 Minuten, ich möchte noch schnell etwas fertig machen."

7. **Passende Reaktionen werden erzeugt:** 5 Minuten später steht er tatsächlich vor dir und sagt: „Es tut mir leid, mir fällt gerade auf, dass ich die letzten Tage sehr abwesend war. Weißt du, mir geht da ein Problem nicht aus dem Kopf und ich möchte unbedingt eine Lösung finden."

8. **Und wieder hast du recht:** Nur dass die Geschichte diesmal vollkommen anders endet. Entscheide selbst, welchen Weg du zukünftig gehen willst!

Du erkennst übrigens, dass du in einem Muster gefangen bist, wenn dies in gleicher oder ähnlicher Form immer wieder in deinem Leben auftritt. Jemand drückt einen Knopf bei dir und schon geht es los. Das wird mit ziemlicher Sicherheit auch in früheren Beziehungen oder bei der Arbeit aufgetreten sein. Ein weiteres Indiz für ein unpassendes Muster ist der Ausspruch „Ich verteidige mich ja nur." Oder „Wenn ich provoziert werde, muss ich ja so reagieren." Oder „Wenn der andere so ist, dann habe ich ja gar keine andere Möglichkeit als …"

Doch, hast du! Du hast es in deiner Hand, wie deine Beziehung aussehen kann. Fremdgesteuert in der Opferrolle oder bewusst in der Schöpferrolle – es liegt tatsächlich bei dir.

> Opfer sammeln Gründe, warum etwas nicht funktionieren kann. Schöpfer hingegen überlegen, wie sie bewusst bekommen, was sie gerne hätten.

Verantwortung übernehmen bedeutet auch, dass du deinem Partner das Gefühl gibst, ihn zu lieben, wenn es mal nicht so gut läuft. Natürlich ist das nicht einfach. Natürlich wiehern dann unsere „inneren Pferde" ganz laut, weil sie am liebsten sofort losgaloppieren wollen.

Doch es gibt einen schönen Spruch der amerikanischen Schriftstellerin Helen Keller, der für mich ausdrückt, was eine bewusste Beziehung ausmacht:

> *Liebe mich dann am meisten, wenn ich es am wenigsten verdient habe, denn dann brauche ich es am nötigsten.*

Gerade dann, wenn die Gedanken unseres Partners zu kreisen beginnen und er in einer automatisierten negativen Schleife gefangen ist, gerade dann haben wir die beste Möglichkeit, Verantwortung zu übernehmen. Gerade dann können wir am besten unsere Muster aufbrechen und neue Wege beschreiten. Du hast die Wahl!

Verantwortung zu übernehmen bedeutet also, dass wir aufhören, anderen die Schuld für unsere Probleme zu geben.

Verantwortung zu übernehmen bedeutet, dass wir nicht äußeren Umständen die Schuld geben, wenn etwas nicht funktioniert.

Verantwortung zu übernehmen bedeutet, dass nicht unsere Vergangenheit dafür verantwortlich ist, was aus uns geworden ist.

Natürlich kann es in der Vergangenheit traumatische Erlebnisse gegeben haben, die dich begleiten und beeinflussen. Und für diese Erlebnisse kannst du selbstverständlich keine Verantwortung übernehmen. Wenn du merkst, dass dich ein Thema deiner Vergangenheit stark belastet, so empfehle ich dir dringend, professionelle Hilfe in Anspruch zu nehmen.

3.1 Werkzeug: Verantwortung übernehmen

SELBSTVERANTWORTUNG

Die folgende kleine Übung kann dir helfen, jene Bereiche zu identifizieren, in denen du derzeit Verantwortung abgibst. Bitte überlege dir die Antworten im Hinblick auf deine aktuelle Beziehung. In weiterer Folge kannst du die Überlegungen auch für viele andere Bereiche durchführen, beispielsweise in Bezug auf deine Eltern, deine Kinder, deine Freunde, deine Arbeit. Keine Sorge, du musst diese Übung vorerst nicht mit deinem Partner teilen, sie ist ganz für dich allein.

1. Überlege dir, in welchen Situationen deiner Beziehung du dich gescheut hast, eine Entscheidung zu treffen.
2. In welchen Situationen gibst du deinem Partner die Schuld an unangenehmen Gefühlen?
3. In welchen Situationen verwendest du deinem Partner gegenüber Notlügen, weil du eine Konfrontation scheust?
4. In welchen Situationen hast du deinem Partner die Schuld an einem Fehler oder Problem gegeben?
5. In welchen Situationen verwendest du „wir" oder „man", obwohl du eigentlich „du" oder „ich" meinst?

6. In welchen Situationen hast du erwartet, dass dein Partner weiß, was du willst, ohne es ihm gesagt zu haben?
7. In welchen Situationen hast du das Gefühl, Macht an deinen Partner abgegeben zu haben?
8. In welchen Situationen warst du enttäuscht, weil dein Partner deine Erwartungen nicht erfüllt hat?

Und nun mach bitte folgendes Gedankenexperiment. Stell dir vor, du wärst ein Meister der Beziehung. Dein Handeln wäre weder durch einschränkende Glaubenssätze noch durch unpassende Muster behindert. Du würdest 100 Prozent der Verantwortung übernehmen.

Welche der oben genannten Punkte würdest du anders angehen? Wie würdest du darüber denken? Was würdest du anders machen? Welche Auswirkungen könnte das auf deine Beziehung haben?

Gehe es Punkt für Punkt durch. Am Ende kannst du dir vielleicht gleich überlegen, welchen kleinen Teil davon du sofort umsetzen kannst.

Wie schon zuvor erwähnt: In deiner derzeitigen Beziehung mit deinem derzeitigen Partner ist tatsächlich ALLES möglich, was du dir vorstellst. Deine Beziehung ist zu einem großen Teil das Ergebnis deines Denkens und deines Handelns.

Das ist jetzt sicher schwer zu glauben. Doch du täuschst dich nicht: Diese Zeilen stehen tatsächlich so da.

Ich wiederhole es noch einmal: In deiner derzeitigen Beziehung mit deinem derzeitigen Partner ist tatsächlich ALLES möglich, was du dir vorstellst. Deine Beziehung ist das Ergebnis deines Denkens und deines Handelns.

Wenn du mir nicht glaubst, vielleicht glaubst du dann den Worten von Siddhartha Gautama, besser bekannt unter seinem „Nickname" Buddha. Er sagte ungefähr 500 vor Christus:

> Das, was du heute denkst, wirst du morgen sein.

Natürlich muss dein Partner auch mitspielen, natürlich sollte auch dein Partner Verantwortung übernehmen. Natürlich.

Wenn dir gerade genau diese Gedanken durch den Kopf gegangen sind, dann hast du die Macht der Verantwortung noch nicht ganz in ihrer vollen Ausprägung verinnerlicht.

Wenn du es schaffst, dein Denken und Handeln so auszurichten, wie du es dir wünschst, dann öffnet sich dir ein neues Universum und du bist dabei, das versteckte Glück zu finden. Ist das leicht? Ganz sicher nicht! Ist es erstrebenswert? Ganz sicher!

Entscheide das für dich selbst. Vielleicht willst du auch nur einmal einen kleinen Versuch starten und den ersten kleinen Schritt aus der Übung gehen? Ich versichere dir, du wirst sehr überrascht sein.

Jetzt wissen wir, wo unser derzeitiger Standort ist. Wir wissen auch über die Macht unseres Denkens und Handelns Bescheid und haben die Macht der Verantwortungsübernahme kennengelernt. Nun wird es Zeit, uns zu überlegen, wo wir eigentlich hinwollen.

4 Vision, Ziele und Werte

Vision und Ziele sind wichtiger als der Fokus auf die Gegenwart. Selbstverständlich ist die Gegenwart wichtig. Den Moment und das Leben genießen zu können, ist für eine Beziehung unverzichtbar. Doch der Moment ist vergänglich. Wer dauerhaft in seiner Beziehung zufrieden sein möchte, tut gut daran, zu wissen, wo die Beziehung und das gemeinsame Zusammenleben hingehen sollen. Damit es dir nicht so geht wie vielen anderen Paaren, die plötzlich feststellen: „Wir haben uns einfach auseinandergelebt."

Jedes Unternehmen hat eine Vision. Nehmen wir zum Beispiel Nike, ein milliardenschweres Unternehmen und seit 1989 weltweit führender Sportartikelanbieter. Die Vision von Nike lautet:

„Wir bringen jeder/jedem SportlerIn auf der Welt Inspiration und Innovation."

Oder auch Google, weltbekannt, berüchtigt und berühmt. Die Vision von Google lautet:

„Wir liefern Zugriff auf die Informationen dieser Welt mit einem Klick."

Und auch geschichtlich gibt es ein Beispiel, von dem wir lernen können:

"Ich glaube, dass sich unsere Nation verpflichten sollte, vor dem Ende dieser Dekade einen Mann zum Mond zu bringen und sicher wieder zurück zur Erde."

Diese Worte verwendete John F. Kennedy am 25. Mai 1961 vor dem amerikanischen Kongress. Und er entfachte damit eine Begeisterung und Motivation, die ihresgleichen sucht. Groß waren dann der Jubel und die weltweite Aufmerksamkeit, als diese Vision schließlich im Juli 1969 Realität wurde.

Doch wieso ist eine Vision für eine Beziehung wichtig?

In Beratungsgesprächen mit Paaren höre ich sehr oft die folgenden Sätze:

„Wir leben eigentlich nur noch nebeneinander her."

„Seit die Kinder ausgezogen sind, hat unsere Beziehung kaum noch einen Sinn."

„Bei uns gibt es nur noch Alltag und Eintönigkeit, manchmal denke ich, dass ich allein besser dran wäre."

„Mein Partner hat überhaupt keinen Antrieb. Ich habe so viele Ideen, aber es gibt kaum Interesse."

„Ich habe mich weiterentwickelt, meine Partnerin ist aber einfach stehengeblieben."

Was hat das nun aber mit einer Vision zu tun?

Wenn wir einen neuen Partner kennenlernen und uns verlieben, tritt vieles in den Hintergrund. Die Hormone vernebeln uns das Gehirn und mogeln uns vor, dass in dieser Beziehung alles anders wird als früher. Diese Beziehung wird einzigartig, es passt einfach alles perfekt. Man möchte so viel Zeit miteinander verbringen wie nur irgendwie möglich. Es wird gelacht, gescherzt und auch der Sex ist wunderbar. Wer möchte da schon mit Fragen nerven: „Du Schatz, was sind eigentlich deine Ziele im Leben? Wie stellst du dir unsere Beziehung vor? Was werden wir gemeinsam machen und wie viel Freiraum braucht jeder von uns?"

Und selbst wenn diese Fragen gestellt und möglicherweise ehrlich beantwortet werden – bevor wir merken, dass die Meinungen auseinandergehen, sind wir längst wieder im Bett gelandet und denken nicht länger darüber nach. Denn, wie schon gesagt, diese Beziehung wird einzigartig!

Leider geht die Phase der Verliebtheit oft schneller vorbei als gedacht. Und was dann kommt, ist gar nicht mehr einzigartig. Es wird mehr und mehr nervig und anstrengend. Das zufriedene Grunzen des Partners beim Einschlafen wird jetzt nicht mehr verträumt genossen, sondern man überlegt sich, ob man aufgrund der Lautstärke vielleicht mit einem Freispruch rechnen könnte, wenn man sein Kissen zweckentfremden würde ... Im Ernst, ich kenne einen Fall, bei dem eine Frau ihren Mann beim Schnarchen aufgenommen hat und dann wurde beim Abspielen der Aufnahme gestritten, ob dies nun erträglich oder vielmehr unerträglich laut sei. Du wirst dir sicher denken, wer welche Meinung vertreten hat. Aber nicht nur die kleinen Macken des Gegenübers kommen jetzt zum Vorschein. Es stellt sich mehr und mehr die Frage, wie ich mein Gegenüber bestmöglich auf dem zweiten, dritten oder x-ten Bildungsweg umziehen kann, damit wir auch wirklich zusammenpassen. Es wird gezerrt, gestritten, geweint und manipuliert. Doch all das hilft meist nur kurzfristig oder gar nicht. Nicht umsonst heißt die zweite und oft sehr unschöne Phase einer Beziehung auch die Machtkampfphase. In der Machtkampfphase versuchen wir, den Partner so zu verbiegen, dass er uns endlich gibt, was wir wollen und brauchen. Dass diese Umziehung selten wirkungsvoll ist, hast du möglicherweise schon das eine oder andere Mal erlebt. Am Rande – was nach der Machtkampfphase kommt, liegt in unserer eigenen Hand. Mögliche Varianten sind:

- **Trennung:** *Ich halte es nicht mehr aus. In der nächsten Beziehung wird alles anders!* Schön wär's, wenn es so einfach wäre!
- **Resignation:** *Ich halte es nicht mehr aus, bleibe aber in der Beziehung, weil ich es mit mir allein noch weniger aushalte.* Auch nicht ideal!
- **Übergang zu einer bewussten Beziehung:** *Ich habe es satt, immer wieder um die gleichen Themen zu kämpfen. Daher mache ich Meditation, Yoga*

oder lese dieses Buch bis zum Ende durch. Ich erkenne, wie Beziehungen funktionieren und welchen Anteil beide Partner am Beziehungssystem haben. So kommen wir ins nächste Beziehungslevel und leben glücklich und zufrieden bis ans Ende unserer Tage! Nicht einfach, aber aus meiner Sicht sicher jene Möglichkeit, die wir anstreben sollten!

Jene Themen, die sich im Machtkampf wiederfinden, hast du zuvor schon in der Übung *Unsere Streitpunkte* (2.6) kennengelernt.

Wie kann uns eine Vision helfen, in der Beziehung zufriedener zu sein?

Lebendige Beziehungen zu gestalten, ist eine Kunst. Viele Kinder haben unpassende Beziehungsvorbilder. Auch später in der Schule wird nur wenig über funktionierende Beziehungen gelehrt. Woher soll das Wissen also kommen? Das Gute nehme ich an dieser Stelle gleich vorweg: Auch wenn wir jetzt noch nicht wissen, wie lebendige Beziehungen Wahrheit werden können – das ist eine Kunst, die man lernen kann. Von den Grundsätzen her ist es auch gar nicht so schwierig. Schwer ist nur die Umsetzung, denn das ist ein Weg voller Ausprobieren, es gibt kein Patentrezept. Am Ende des Weges wartet jedoch genau das, wovon wir immer schon immer geträumt haben. Und jetzt wird es kurz philosophisch – es warten Wahrheit und Frieden auf uns. Eine bewusste Beziehung, die unsere innere Wahrheit und unseren inneren Frieden speist. So wie es Sylvester Stallone wunderbar auf den Punkt bringt:

> *„Ich glaube, dass es eine innere Kraft gibt, die Gewinner oder Verlierer hervorbringt. Und die Gewinner sind diejenigen, die wirklich auf die Wahrheit ihrer Herzen hören."*

Wir werden gleich sehen, dass Vision nicht nur ein sehr treffendes Wort ist, sondern auch eine Vielzahl an positiven Effekten nach sich zieht. Wenn wir als Paar eine gemeinsame Vision haben, dann hilft uns das, zu jeder Zeit festzustellen, ob wir uns auf einem Weg befinden, der unserer Vision dient oder eben nicht. Eine Vision ist wie ein Fixstern, dem wir entgegenstreben können. Ein Fixstern, der auch leuchtet, wenn wir ihn vielleicht mal nicht sehen. Aber er ist immer da.

Die von mir sehr geschätzte Autorin Vera Birkenbihl hat das Konzept des Fixsterns, welches mich sehr beeindruckt hat, bei einem Vortrag vorgestellt. Als Fixstern bezeichnete sie unsere Ziele, Wünsche und Träume. Jene Dinge, die uns motivieren und vorantreiben. Die uns schon am Morgen mit Energie erfüllen und bei denen die Zeit wie im Flug vergeht.

> Mein Tipp an dieser Stelle: Wenn ihr noch keinen Fixstern, keine Vision habt – lasst auf der Stelle alle unwichtigen Dinge liegen und stehen. Pfeift drauf, wer vom Bachelor die nächste Rose bekommt oder ob die Sportfreunde Lotte am Wochenende gegen Osnabrück gewinnen – macht euch JETZT auf die Suche nach eurer Vision!

Unsere Beziehungsvision als Paar soll uns den Weg kenntlich machen, den wir gemeinsam gehen wollen. Was dabei ganz wichtig ist: Durch unsere Beziehungsvision sollen wir nicht verschmelzen, um künftig als siamesische Zwillinge durch die Welt zu gehen, sondern vielmehr unseren gemeinsamen Weg UND unseren individuellen Weg sichtbar machen. Denn es wird nach wie vor in der Beziehung UNS als Paar, aber auch DICH und MICH als Individuen geben, und das ist wichtig und gut so.

Folgende Übung zum Finden einer gemeinsamen Beziehungsvision solltest du also so schnell wie möglich durchführen. Du wirst sehen, dass das manchmal gar nicht so leicht ist. Doch auch hier gilt ein wichtiger Grundsatz:

„Getan ist besser als perfekt".

Besser einen ersten Schritt tun, als weiter gegen Windmühlen kämpfen. Und ihr könnt gemeinsam eure Vision jederzeit anpassen, ändern, verbessern oder präzisieren. VUCA eben.

4.1 Werte

Jede Beziehungsvision basiert auf gewissen Grundwerten, die den Partnern wichtig sind. Dabei zeigt sich häufig, dass eine Beziehung an Stabilität und Zufriedenheit gewinnt, wenn bei diesen Werten Stimmigkeit vorhanden ist. Das bedeutet nicht, dass jede Beziehung scheitern muss, bei der das nicht der Fall ist – aber es erschwert die Sache.

Was sind eigentlich Werte?

Werte oder auch Wertvorstellungen sind erstrebenswerte, moralisch oder ethisch als für mich gut befundene Merkmale einer Person. Aus meinen bevorzugten Werten entstehen Denkmuster, Glaubenssätze, Handlungsmuster und Charaktereigenschaften. Beispiele für Werte sind:

- Offenheit
- Fleiß
- Bescheidenheit
- Gesunde Lebensweise
- Freundlichkeit
- Großzügigkeit

- Humor
- Wahrheitsliebe

Eine Liste mit Beipielen für weitere Werte findest du im Downloadbereich des Buches.

Kein Wert ist besser oder richtiger als ein anderer. Welche Werte wichtig sind, ist individuell in jeder Beziehung unterschiedlich. Daher ist es nötig, zuerst einmal alle wichtigen Werte offen auf den Tisch zu legen, um zu sehen, wo Übereinstimmung herrscht und wo die Meinungen auseinanderlaufen. Die folgende Übung hilft dir beim Ermitteln der wichtigen Werte und beim Erkennen von Gemeinsamkeiten oder Differenzen.

4.2 Werkzeug: Wertepoker

Der Begriff *Poker* wird verwendet, weil bei dieser Übung Spielkarten zum Einsatz kommen. Du kannst dir die Karten im Downloadbereich holen und ausdrucken oder du verwendest eine der vielen Apps. Gib *Planning Poker* ein und du wirst sicher fündig. Alternativ schreibst du die Zahlen einfach auf Zettel. Bei diesen Karten werden die Werte der unechten Fibonacci-Funktion verwendet, da diese gut geeignet ist, um Größenverhältnisse darzustellen. Dabei ergibt sich der jeweils nächsthöhere Wert aus der Summe der beiden vorherigen Karten (1+2=3, 2+3=5 usw.). Hier verwende ich nur die Karten von 0 bis 20, das reicht für unsere Fälle aus.

Hier siehst du die Karten im Überblick:

Der Wertepoker läuft folgendermaßen ab:

1. Nehmt euch Zettel oder Post-its und schreibt jeder eure wichtigen Werte auf. Jeder Wert kommt auf einen eigenen Zettel.

2. Wenn ihr fertig seid, pinnt abwechselnd alle Werte auf eine Wand und erklärt jeweils anhand eines kurzen Beispiels, was ihr unter dem Wert genau versteht. *Was bedeutet der Wert für mich? Wie lebe ich den Wert?* Das ist wichtig, da wir trotz gleicher Worte ein unterschiedliches Bild haben können – wir wollen aber an einem gemeinsamen Verständnis arbeiten. Hat dein Partner den gleichen Wert und versteht auch das Gleiche darunter, pinnt die Zettel übereinander.

3. Wenn ihr alle Werte aufgepinnt habt, geht sie einzeln durch und stimmt mithilfe der Karten ab. Überlegt dabei kurz: *Wenn ich diesen Wert nicht in meinem Leben hätte, wie wäre das für mich? Wie gut könnte ich damit umgehen? Brauche ich von diesem Wert mehr?* Für jeden Wert darf jeder

Partner nun gleichzeitig eine Karte mit der individuell gewählten Zahl zeigen. Je höher die Zahl der Karte, umso wichtiger ist der Wert für ihn. <u>Hinweis:</u> Grundsätzlich sind jetzt nur noch wichtige Werte im Spiel, da ihr ja beim Aufschreiben gedanklich vorausgewählt habt. Es geht nun mehr darum, die einzelnen Werte in Relation zu sehen. Wenn dir beispielsweise Wahrheit wichtiger als Spaß ist, dann sollte die Wahrheit auch einen höheren Wert bekommen.

4. Wenn alle Werte beziffert wurden, könnt ihr sie anhand der Priorität auf der Wand verschieben. Ganz oben kommen die wichtigsten Werte, also jene, die die höchste Summe erreicht haben. Absteigend kommen dann jene Werte mit den kleineren Summen. Seht euch zum Abschluss eure Priorisierung nochmals an, ob sich diese für euch stimmig anfühlt. Andernfalls könnt ihr in Abstimmung mit eurem Partner jederzeit nachbessern. Ein großer Vorteil dieser Visualisierungen ist, dass plötzlich transparent wird, wie wir gepolt sind. Wenn ihr durch die gesamtheitliche Sicht jetzt bemerkt, dass ein Wert an der falschen Stelle steht, so verschiebt ihn einfach, wenn sich so ein stimmigeres Gesamtbild ergibt.

5. Prüft nun, ob Werte mit größeren Abweichungen vorhanden sind. Ein Partner vergibt beispielsweise 20, der andere jedoch nur 3. Diese Werte solltet ihr markieren und besprechen. Können die Partner mit der Differenz gut leben? Oder ergibt sich daraus ein Handlungsbedarf, der diskutiert werden sollte? Es geht aber nicht um das Rechthaben, sondern darum, dem Partner verständlich zu machen, warum dieser Wert wichtig oder nicht wichtig ist, und daraus abzuleiten, was das bedeutet. Im Normalfall lässt sich eine Lösung finden, mit der beide Partner gut leben können. Andernfalls könnt ihr im Sinne einer Win-win-Situation überlegen, welche guten oder hilfreichen Elemente diese Unterschiedlichkeit für die Beziehung beisteuern kann. Denn nicht jede Abweichung ist negativ zu sehen, es kommt vielmehr darauf an, was die Partner daraus machen. Unterschiede können auch das Salz in der Suppe sein.

Folgendes Beispiel zeigt, wie der Wertepoker durchgeführt wird:

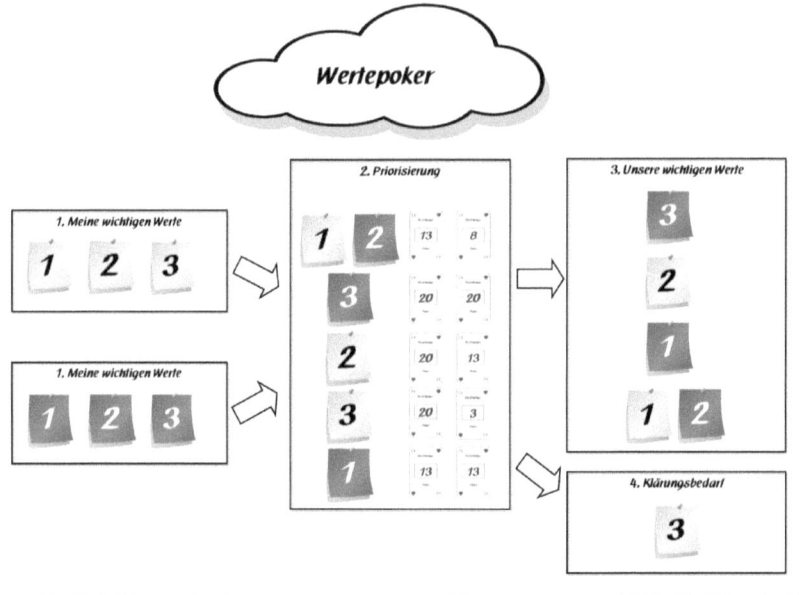

4.3   Werkzeug: Vision und Ziele

Wir haben schon gehört, dass die Energie unserer Aufmerksamkeit folgt. Wie finden wir nun also unseren Fixstern, zu dem wir aufschauen können? Die gefundenen Werte sind schon ein erster wichtiger Anhaltspunkt, in welche Richtung es gehen könnte.

Nun werden wir gemeinsam noch die Vision und die Ziele finden.

Zu eurer Beziehungsvision solltet ihr euch beide wirklich mit ganzem Herzen hingezogen fühlen. Sie ist eine Sammlung beziehungsweise Zusammenfassung eurer Wünsche, Sehnsüchte, Träume, Qualitäten, Werte und Ziele. Eine Vision sollte daher mit starken und motivierenden Gefühlen verbunden sein. Klare Gedanken kombiniert mit starken Gefühlen, die aus dem Herzen kommen, sind hierbei der beste Mix.

Bedenkt auch: Das Erzeugen einer gemeinsamen Beziehungsvision ist ein kreativer, schöpferischer Akt. Es kann also dauern, bis ihr damit fertig seid. Lasst euch davon nicht verunsichern. Es lohnt sich, dazwischen auch Abstand zu gewinnen und das Werk aus einiger Distanz zu reflektieren. Niemand zwingt euch, das Ganze schnell in einer halben Stunde zu erledigen.

Ziele sind kleiner und überschaubarer als die Vision im Ganzen. Sie sind konkreter, vielleicht gibt es sogar schon Ideen, wie ihr diese erreichen könnt. Ich verbinde gerne die Vision mit den Zielen, da sie den Paaren helfen, langfristig, aber auch kurzfristig zu denken. Es geht darum, einen gemeinsamen Weg zu finden, der für beide Partner so anziehend und motivierend ist, dass er der Beziehung Flügel verleiht. Insofern wäre es kontraproduktiv, nur eine langfristige Vision zu zeichnen, denn es sind die kleinen Erfolge, die uns helfen, bei der Sache zu bleiben.

Lasst uns nun mit dem Finden der Vision und der Ziele starten:

1. Sammelt so viele Ideen wie möglich. Es hat alles Platz, was euch in den Sinn kommt. Hört genauso auf euren Bauch und sammelt auch das, was euch im Moment vom Kopf her eigenartig vorkommt. Ihr könnt es später noch immer verwerfen. Folgende Fragen helfen euch dabei:

a) Welche Qualitäten möchte ich in meiner Beziehung leben? Hier helfen die zuvor gefundenen Werte. Ihr könnt aber auch alle anderen Punkte aufnehmen, die euch in den Sinn kommen. Folgende Bereiche können beispielsweise vorkommen: Beruf, Geld, Weiterbildung, Entwicklung der Persönlichkeit, Freundschaften, Familie, Wohnen, Urlaub, Spiritualität, Ernährung, Sport, Sexualität, Gesundheit etc.

b) Was sind meine Wünsche in der Partnerschaft? Gespräche, gemeinsame Vorhaben oder Projekte, Unternehmungen.

c) Welche Träume, Sehnsüchte, Fantasien habe ich außerdem?

d) Was bringt mir Energie? In welchen Bereichen blühe ich so richtig auf und vergesse die Zeit? Was habe ich als Kind gerne getan, was mir jetzt auch noch wichtig ist?

e) Was gibt es sonst noch?

2. Jeder bewertet für sich die gefundenen Punkte nach Wichtigkeit auf einer Skala von 1 (weniger wichtig) bis 10 (unglaublich wichtig). Den Wert 0 vergib bitte, wenn es aus derzeitiger Sicht nicht wichtig genug ist, du jedoch nicht sicher bist. Alle Themen, bei denen ihr nachträglich feststellt, dass sie keinerlei Wichtigkeit besitzen, entfernt an dieser Stelle. Im Anschluss tauscht euch mit eurem Partner aus und erklärt euch, wenn dies notwendig ist, was hinter den einzelnen gefundenen Punkten steckt und wieso diese für euch relevant sind. Wichtig ist an dieser Stelle, dass ihr ein gemeinsames Verständnis dafür entwickelt, was gemeint ist. Nachfolgend bewertet die Themen eures Partners.

Vorsicht: Es geht hier nicht um gut oder besser, richtig oder falsch – bewertet, wie wichtig die Themen aus eurer Sicht sind. Das kann bei euch beiden ähnlich sein, aber auch komplett abweichen. Es bringt nichts, aus gutem Willen eine Bewertung abzugeben, hinter der du nicht stehen kannst, denn diese Punkte poppen sicher früher oder später als Hindernis hoch.

3. Im Anschluss erfolgt die Priorisierung. Bildet die Summe aus euren beiden Werten und übertragt sie vom höchsten Summenwert absteigend in die nächste Spalte. Wenn ihr übereinstimmend merkt, dass unabhängig von den zuvor vergebenen Werten ein Thema wichtiger als ein anderes ist, so verschiebt dieses einfach. Als Ziel habt ihr eine priorisierte, abgestimmte Themenliste. Markiert beide jene Themen, die euch am wichtigsten sind, mit einem Ausrufezeichen. Markiert jene Themen, deren Verwirklichung fraglich oder schwierig erscheint, mit Fragezeichen.

4. Nun ist es an der Zeit, die Vision fertigzustellen und auszuformulieren. Geht die gefundenen Themen durch und formuliert ganze Sätze, die sich für euch stimmig anfühlen. Ihr könnt auch Punkte zusammenfassen, wenn sich das richtig anfühlt. Achtet darauf, dass ihr die Sätze in der Gegenwart formuliert („Wir sind …", „Wir haben …"). Übersetzt negativ formulierte Themen in positive Formulierungen („Wir schreien uns nicht an" wird zu „Bei Konflikten bleiben wir wertschätzend und konstruktiv"). Bei jenen Punkten, die ihr als schwierig gekennzeichnet habt, überlegt euch bitte, ob ihr diese aufnehmen wollt. Womöglich gibt es auch einen Kompromiss oder eine zweitbeste Lösung, die für euch beide vorerst ausreicht.

5. Lest euch eure Vision Satz für Satz durch und achtet auf die Resonanz, die in euren Herzen erzeugt wird. Fühlt sich ein Satz für euch beide stimmig an, dann geht weiter zum nächsten Satz. Gibt es etwas, das noch nicht passt, dann müsst ihr noch etwas an der Formulierung basteln.

6. Platziert eure ganz persönliche Beziehungsvision an einem Platz, an dem ihr oft vorbeikommt, zum Beispiel am Kühlschrank, im Badezimmer, am Kleiderschrank.

Unterstützt wird die Visionsfindung durch das Übungsblatt Beziehungsvision, das du ebenfalls im Downloadbereich dieses Buches findest.

Folgendes Beispiel veranschaulicht die Visionsfindung:

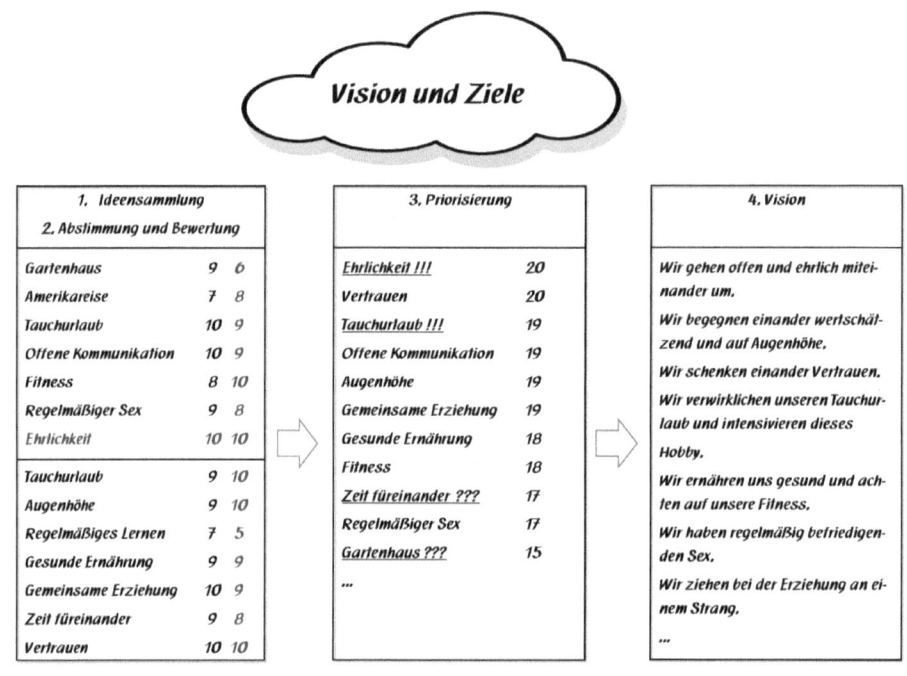

Denkt daran, dass ihr mit eurer Vision eine wunderbare Grundlage für die Richtung geschaffen habt, in die eure Beziehung gehen soll. Das kann helfen, wenn es wieder einmal schwierige Zeiten gibt. Stellt euch immer wieder die Frage: *Bezogen auf unsere Vision – wie wichtig ist dieser Streit gerade?* oder auch: *Bezogen auf unsere Vision – bringt uns das, was wir gerade tun, einen Schritt weiter in die richtige Richtung?* Vielleicht erkennt ihr ja, dass ihr gerade einen überflüssigen Streit führt oder dass ihr euren Weg verlassen habt. Das kann in manchen Fällen auch sinnvoll sein, denn die Vision ist nicht unveränderbar. Erkennt ihr, dass ihr eure Vision erweitern wollt, dann tut das einfach. Erkennt ihr, dass ihr euch verlaufen habt, dann geht zurück auf den richtigen Weg.

4.4 Werkzeug: Verstärker und Bremser

Jetzt, da wir unsere Vision, unseren Fixstern, aber auch schon einige Ziele kennen, wollen wir uns noch um Verstärker und Bremser unserer Beziehung kümmern.

Wir sehen uns jetzt also jene Dinge an, von denen wir mehr in unserem Leben
haben wollen. Und auch jene, die wir nicht mehr so richtig wollen. Jene, denen
wir gerne *Auf Nimmerwiedersehen!* sagen möchten. Auch hierfür habe ich dir ein
kleines Hilfsmittel zur Verfügung gestellt. Für das Suchen deiner Verstärker und
Bremser benötigst du im Prinzip nur drei kleine Fragen, die du auf folgendem
Modell findest:

Verstärker und Bremser

Was hat zuletzt gut funktioniert –> *mehr davon*	Was hat nicht gut funktioniert –> *weniger davon*	Was fehlt uns bisher –> *neu aufnehmen*

Nehmt euch gemeinsam ausreichend Zeit und beantwortet jeder für euch folgende Fragen:

1. Was hat zuletzt in unserer Beziehung gut funktioniert? Vielleicht willst du davon ja mehr? Der gemeinsame Urlaub in der Therme, der Tanzkurs, der Abend mit der Familie, der Theaterbesuch mit Freunden, etc. Spare nicht mit Ideen. Je mehr du findest, umso besser.

2. Was hat nicht gut funktioniert? Es ist sinnvoll, weniger davon zu machen beziehungsweise diese Punkte komplett zu verbannen. Oder aber neue, konstruktive Möglichkeiten dafür zu finden. Beispiele: die schlechte zeitliche Planung in Badezimmer oder Küche, zu wenig Zeit für gemeinsame Unternehmungen.

3. Was fehlt uns bisher? Hier geht es nicht primär um materielle Dinge, wobei diese auch eine Rolle spielen können. Es geht vor allem darum, welche Wünsche, Träume, Leidenschaften du hast, die dir jedoch bisher in

der Beziehung fehlen. Finde so viele Punkte wie möglich, unabhängig davon, ob du diese allein oder mit deinem Partner verwirklichen willst. Vielleicht hat dein Partner insgeheim den gleichen Wunsch und ihr beide wisst es gar nicht? Beispiele: Malen lernen, einen Berg besteigen, Urlaub auf einer Alm machen, Gesangsunterricht nehmen.

4. Nun kennzeichnet die gefundenen Punkte: einerseits nach Wichtigkeit, indem ihr mit eurem Partner gemeinsam die Punkte bewertet (1 – sehr wichtig, 5 – könnte irgendwann mal interessant sein, unwichtige Punkte streicht vorerst ganz von der Liste), und eine priorisierte Liste erstellt, andererseits auch nach Aufwand. Du wirst später noch zwei Methoden kennenlernen, die dir dabei helfen: die Schätzung nach T-Shirt-Größen sowie die Schätzkarten. An dieser Stelle ist vorerst nur wichtig, ob die Punkte klein, mittel oder groß sind – Geige lernen würde ich beispielsweise als groß kennzeichnen, einen Almurlaub eher als klein.

Ich habe schon gesehen, dass einige Paare aus ihrer Vision, ihren Zielen und ihren Verstärkern schöne Collagen gestalten, um diese immer im Blickfeld zu haben. Vielleicht möchtest du das auch tun. Male drauflos, schneide Fotos aus Illustrierten aus – ganz wie es dir gefällt. Aus der Werbepsychologie können wir hier übernehmen, dass Farbe Text schlägt, und Bilder und Emotionen wiederum Farbe schlagen. Das heißt, dass ihr euch besser an eure Ziele erinnert und sie verinnerlicht, wenn ihr zusätzlich zu Worten auch Farben verwendet. Am besten wählt ihr außerdem Emotionen, etwa in Form von emotionsgeladenen Bildern, die ihr im Internet suchen könnt. Oder ihr nutzt die Gelegenheit und macht ein paar Fotos von euch selbst … wie ihr lacht, stolz seid etc. So könnt ihr spielerisch den Memory-Effekt eurer Ziele verstärken.

Generell gilt – je präsenter und anschaulicher eure Vision und eure Ziele sind, desto einfacher werdet ihr diese auch erreichen.

Scheue auch nicht davor zurück, dir anspruchsvollere Ziele zu setzen. Für dein persönliches Wachstum als Individuum, aber auch für euch als Paar, sind Ziele ideal, die außerhalb eurer Komfortzone liegen. Persönliches Wachstum und Weiterentwicklung finden fast immer fern der Komfortzone statt. Wenn du also merkst, dass bei einem Ziel ein leichtes Kribbeln im Magen entsteht, dann kann es gut sein, dass du auf der richtigen Spur bist!

Nachdem ihr eure Vision und eure Ziele festgelegt habt, kommen wir zum nächsten wichtigen Punkt, dem Verstehen der Welt unseres Partners.

5   Verstehen und verstanden werden

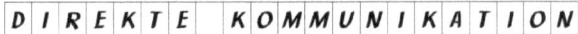

Zuhören und Verstehen ist wichtiger als Toleranz. Toleranz in der Beziehung ist durchaus wichtig – doch für mich oft negativ besetzt: Ich weiß zwar, wie etwas sein sollte, zeige aber Toleranz und akzeptiere andere Verhaltens- oder Herangehensweisen.

Wenn ich jedoch meinem Partner zuhöre und ihn wirklich von Herzen verstehe, ihn wirklich in seinem Innersten kennenlerne, dann ist Akzeptanz die logische Folge. Dann brauche ich nicht mehr tolerieren, sondern ich kann erkennen, dass es mehr als eine Gedankenwelt gibt, die eine Daseinsberechtigung hat.

In diesem Kapitel geht es um Verstehen und Verstandenwerden. Dass beides nicht einfach ist und uns oft vor scheinbar unüberwindbare Hürden stellt, brauche ich dir sicher nicht zu erzählen. Nicht umsonst wurden zahlreiche Bücher über Venus, Mars und deren unterschiedliche Bewohner geschrieben. Warum die gravierenden Unterschiede zwischen uns und unseren Partnern jedoch nicht zwingend mit dem Geschlecht zusammenhängen, sondern vielmehr damit, in welchem Land wir aufgewachsen sind und heute leben, zeige ich dir in diesem Kapitel.

5.1 Verstehen

Die ehrliche Bereitschaft, den Partner zu verstehen und dabei die eigene Sicht auszublenden, wird dir helfen, wertvolle Erkenntnisse für deine Beziehung zu erhalten. Wir beginnen mit den Übungen zum Verstehen. Diese kannst du für dich allein durchführen. Du wirst sehen, dass es bereits zu positiven Veränderungen in deiner Beziehung kommen kann, wenn du die Werkzeuge für dich verwendest. Natürlich ist es sinnvoller, eine Gesamtsicht zu erhalten und Feedback zu bekommen, ob du richtig verstanden hast. Darum geht es im zweiten Teil dieses Kapitels: verstanden werden. Um zu überprüfen, ob wir den Partner richtig verstanden haben, ist es notwendig, in einen Dialog zu treten. Nur so wirst du sehen, ob du deinen Partner verstanden hast und ob er dich verstanden hat. Beginnen wir nun mit dem ersten Teil, dem Verstehen. Dazu werden wir unser vertrautes Land verlassen.

5.2 Exkurs: T-Shape

Was ist das denn nun wieder Neumodisches?, wirst du jetzt sicher fragen. Der Begriff mag neumodisch sein, dahinter verbirgt sich jedoch etwas unglaublich Wichtiges und Praktisches: Dieses Wissen ist meiner Meinung nach ein Basiswissen, das deine Beziehung auf eine neue Ebene katapultieren kann.

Worum geht es?

T-Shape im herkömmlichen Sinn bedeutet Folgendes. Ein agiles Team innerhalb eines Unternehmens ist oft mit Spezialisten besetzt, etwa für Marketing, Technik, Vertrieb. Es gibt also sehr viel Wissen in einem Bereich, andere Bereiche werden jedoch mehr oder weniger ausgeblendet.

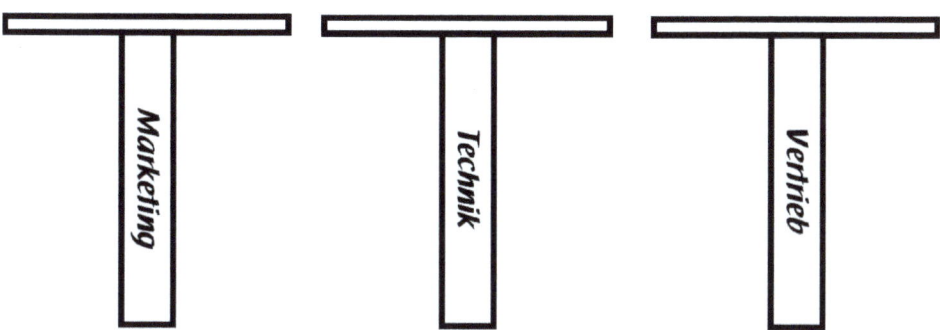

Dieses System ist für ein Team insofern kontraproduktiv, als es leicht zu Engpässen führt. Stell dir nur mal vor, die Technikspezialistin fällt für einige Zeit aus. Das hätte den Effekt, dass ihre Arbeit liegenbleibt und der Fortschritt des gesamten Teams gefährdet ist. Eine Möglichkeit, dem entgegenzuwirken, ist die Förderung von T-Shape-Wissen. Man erwirbt zusätzlich zu seinem Spezialistenwissen weitere Kenntnisse in anderen Bereich. Natürlich wird man kein Spezialist in allen Bereichen, kann aber bei Bedarf mithelfen und einen kompletten Stillstand vermeiden.

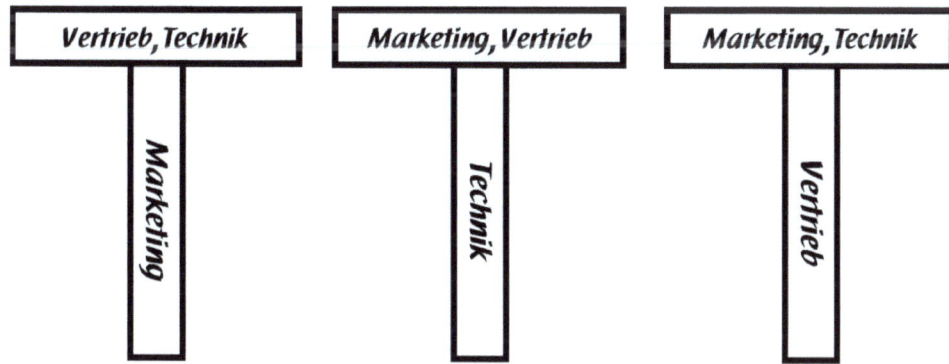

Aber jetzt mal ehrlich – was hat das mit Beziehungen zu tun?

In Beziehungen ist es oft ähnlich. Womöglich denkst du, du bist Spezialist für dich selbst und auch für deinen Partner. Wir selbst handeln ohnehin nur aus bestem Wissen und Gewissen, und wir glauben auch, sehr gut zu wissen, was für unseren Partner richtig und wichtig wäre.

Umgesetzt auf Beziehungen sieht unser T-Shape nach unserem Glauben also folgendermaßen aus:

Du stimmst mir in dem Punkt sicher zu: Wir glauben, sowohl über uns, aber auch über unseren Partner sehr viel zu wissen. Das große Problem liegt darin, dass es in der Realität sehr oft anders aussieht, nämlich so:

Das mag vielleicht überraschen oder gar unfair erscheinen. Aber letztendlich wissen wir über unseren Partner wenig bis nichts und auch über uns selbst wissen wir oft nur die berühmte Spitze des Eisbergs. In vielen Fällen läuft eine ganze Menge unbewusst in uns ab.

Um nun unser Ziel, eine bewusste und zufriedene Beziehung, zu erreichen, sollten wir versuchen, die dunklen Flecken in unserem T-Shape aufzuhellen und mehr und mehr über uns und unseren Partner zu erfahren.

Ein realistisches Ziel könnte ungefähr so aussehen:

Wie wir die dunklen Flecken nun heller machen, wie wir unser Wissen über unseren Partner auf den neuesten Stand bringen und zugleich unserem Partner helfen, die dunklen Flecken aufzuhellen, erläutere ich in der Folge ausführlich.

5.3   Mein Land, dein Land, unser Land

Wieso kommt denn jetzt plötzlich Geografie mit ins Boot?, wirst du vielleicht fragen. Es ist ganz einfach: Mit dem Verstehen ist das so eine Sache. Wenn ich etwas verstehe, dann ist alles logisch. Alles passt zueinander. Alles ist stimmig. Und das sollte auch der Grundgedanke für unsere Beziehungen sein.

> Lebendige Beziehungen sind das Aufeinandertreffen zweier fremder Welten, und Kommunikation baut dazwischen eine Brücke.

Bei unserem Partner, und übrigens auch bei allen anderen Menschen, begehen wir einen grundsätzlichen Denkfehler. Wir glauben, dass alle Menschen genauso denken wie wir. Wie oft hast du von deinem Partner schon gehört: „Na, das ist ja wohl klar." Und du selbst hast dabei gedacht: *Wie kann man nur so unlogisch denken, das gibt es ja wohl gar nicht!*

Und so ist es auch: Das Denken, die Sitten und Bräuche, die Sprache, ja selbst die Bedeutung einzelner Wörter, sind in meinem Land komplett anders als im Land meines Partners.

Was stellst du dir vor, wenn ich von einem spannenden Abend spreche?

Was stellst du dir vor, wenn ich von einem chilligen Wochenende spreche?

Was stellst du dir vor, wenn ich erzähle, dass das Essen im Urlaub sehr lecker war?

Es wird sofort ein Bild in deinem Kopf entstehen. Und du kannst dir sicher sein – es ist ein gänzlich anderes Bild als jenes, das bei deinem Partner entsteht.

An dieser Stelle möchte ich kurz etwas ausholen. Wenn man diese Zeilen liest, kann der Eindruck entstehen: *Ja, das ist schon klar, wir sehen halt Dinge etwas unterschiedlich. Aber das kann ja kein großes Problem sein, oder?*

Ist es aber. Wie unterschiedlich wir Dinge sehen – und zwar auch dann, wenn wir denken, gleich zu ticken – ist unglaublich. Es ist wie Tag und Nacht. Ja, eben wie komplett unterschiedliche Länder. Und wir sind nicht sehr oft bereit, die Welt des anderen zu erkennen, zu erforschen. Vielmehr sind wir mit uns selbst beschäftigt. Unsere ganz eigene Art zu denken beeinflusst unsere Wahrnehmung massiv. Und darum glauben wir zu wissen, was der andere jetzt tun oder lassen sollte. Das kann aber zu Problemen führen und Veränderung oder Entwicklung schwermachen. Denn eine starke Bereitschaft zu Veränderung und Wachstum setzt deine Absicht voraus, neue Wege zu probieren.

Dazu fällt mir eine Geschichte ein. Diese habe ich im wunderbaren Buch „Wie man Freunde gewinnt" von Dale Carnegie gefunden.

> Es war 1931. Die größte Verbrecherjagd, die New York bis dahin gesehen hatte. Nach wochenlanger Fahndung hatte die Polizei den berüchtigten Mörder und Revolverhelden „Two-Gun-Crowley" in der Wohnung seiner Geliebten in die Falle gelockt. 150 Polizisten waren an der Aktion beteiligt. Er schoss ohne Unterbrechung mit seinem Maschinengewehr auf sie. Als man ihn schließlich festnehmen konnte, sagte der Polizeikommissar, es handle sich um den gefährlichsten Verbrecher der Welt: „Er schießt, wenn eine Maus raschelt." Was aber meinte Crowley selbst? Während der Schießerei hinterließ er einen Brief mit folgenden Worten: „An alle, die es angeht". Das Blut aus seinen Wunden färbte das Papier rot. „In meiner Brust schlägt ein müdes, aber gütiges Herz – ein Herz, das niemandem Unrecht tun könnte." Einige Stunden zuvor hatte er bei einer Führerscheinkontrolle noch ohne Worte einen Polizisten erschossen und dessen Waffe gestohlen. So viel zum gütigen Herz.

„Das ist eine Ausnahme, schließlich war das ein Verbrecher", könntest du jetzt sagen. Ja, vielleicht ist das ein übertriebenes Beispiel. Doch ich kenne genug Menschen, die immer wieder provoziert werden von anderen. Die dumm finden, was andere denken und tun. Die nicht verstehen, wie andere nur solch eigenwillige Standpunkte in Konflikten einnehmen können.

Und doch, über uns selbst denken wir im Normalfall, dass alles, was wir tun, aus bestem Wissen und Gewissen hervorspringt. Wir handeln in dieser Art und Weise, weil wir unbewusst die beste unserer möglichen Handlungsalternativen wählen.

Aber, und das ist ein großes Aber: Glauben wir das auch von anderen? Sei ehrlich zu dir und beantworte die Frage selbst.

Es ist grundsätzlich kein Problem, dass Menschen individuell unterschiedlich sind. Problematisch wird das Ganze erst, wenn es dadurch zu Missverständnissen, enttäuschten Erwartungen oder Verletzungen kommt.

Wie meine ich das?

Stell dir vor, du sagst zu deinem Partner, du hättest mal wieder Lust auf einen entspannten Abend. Er ist begeistert von der Idee und sagt, er lässt sich etwas einfallen.

Und schon schwelgst du in Vorfreude. Ein schönes warmes Bad, ein Glas Wein, dann gemeinsam Bridget Jones anschauen und schließlich wohlig aneinander gekuschelt einschlafen. Schließlich ist ja klar, wie ein entspannter Abend aussieht.

Die Realität sieht dann womöglich so aus: Gemeinsam geht's mit Freunden los zum Jazzkonzert. Ein Glas Wein, bei deinem Partner sind es einige Gläser mehr, er lacht und scherzt und hat einen großartigen und für ihn entspannten Abend.

Und du denkst dir: *Wie kann man nur so sein? Wir machen etwas aus und er hält sich nicht daran. Ich bin so enttäuscht, dass er nie einhält, was er verspricht.* Du bist sauer!

Wer lag nun richtig? Wer hat sich falsch verhalten?

Die Antwort ist klar. Niemand! Es sind eben unterschiedliche Vorstellungen und Erwartungen unverstanden aufeinandergetroffen.

Vielleicht wäre es sinnvoll gewesen, einmal nachzufragen, wie ein entspannter Abend in deinem Land aussieht? In meinem Land ist das ja klar, in deinem offensichtlich aber nicht.

Vielleicht wäre es auch sinnvoll gewesen, die Erwartungshaltung auszutauschen?

Und genau darum geht es im Folgenden. Es geht darum, das Land meines Partners vorurteilsfrei kennenzulernen und ihm auch mein Land schmackhaft zu machen, damit wir uns besser verstehen können.

Wie sieht in deinem Land Entspannung aus? Wie sieht in deinem Land Kommunikation aus? Was bedeutet es, wenn in deinem Land dieses oder jenes gesagt wird?

Jedes Mal, wenn wir solch eine Frage besprechen, dann bauen wir eine Brücke aus unserem Land in das Land unseres Partners. Und diese Brücke bildet ein festes Fundament unseres Liebeskontinents. Mein Land, dein Land, unser Land – verbunden mit stabilen Brücken, um jederzeit zu Besuch zu kommen. Ja, manchmal ist es ein seltsames Land, welches wir besuchen, doch letztendlich kommt unser Partner von dort, und deswegen gehen wir gerne immer wieder mal dorthin.

An dieser Stelle folgt nun ein wichtiges Werkzeug, das dir in vielen Situationen helfen kann. Wenn Erwartungen mal wieder nicht erfüllt wurden, wenn der Besuch im Partnerland unbefriedigend war – bei jeder Art von Konflikten oder Problemen kannst du dieses Werkzeug anwenden. In den meisten Fällen sorgt es für schnelle Erleichterung.

5.4 Werkzeug: ab ins Kino

Ach ja, denkst du jetzt sicher. *Einfach abhauen ist immer eine gute Lösung. Na, das kann ja heiter werden.*

Nun, ganz so ist es nicht. Es ist wichtig, auch Gefühle und Konflikte aushalten zu können, denn das ist ein wichtiger Schritt zum Verständnis und zur Zufriedenheit. Wieso sollte ich es mir aber schwerer machen, als es sein muss?

Ein Faktor, warum Gefühle weh tun und Konflikte unangenehm sein können: weil wir direkt und unmittelbar involviert sind. Jedes Wort erzeugt Stress, der Nacken ist verspannt. Oft ist man zumindest innerlich verkrampft und atmet gepresst. Die ausgeschütteten Hormone tragen einen weiteren Teil dazu bei, Adrenalin und Kortisol lassen grüßen. Ein Tunnelblick entsteht, und je nach Typus sind wir auf Angriff, Flucht oder Totstellen gepolt. Keine schöne Vorstellung.

Doch was ist die Alternative?

Das Zauberwort heißt Dissoziation. Was in der Psychologie als Krankheitsbild gesehen wird, kann für uns ein wunderbares Hilfsmittel sein. Dissoziation in diesem Sinne bedeutet, sich vom unmittelbaren Geschehen zu lösen und dieses aus der Distanz zu betrachten.

Wie funktioniert das nun in der Praxis?

1. Wann immer du in einer Situation feststeckst und dich unwohl fühlst, kannst du dir Folgendes vorstellen: Du verlässt für kurze Zeit deinen Körper und beamst dich in ein naheliegendes Kino. In diesem Kino wird die belastende Situation auf der Leinwand abgespielt. Auf der Leinwand sind also du selbst und alle anderen involvierten Personen zu sehen.
2. Du nimmst Platz. Wenn du willst, kannst du dich in die erste Reihe setzen, aber auch ganz hinten im Saal Platz nehmen.
3. In deiner Hand hast du eine magische Fernbedienung, mit der du alle Eigenschaften dieses Kinos auf Knopfdruck ändern kannst.
4. Du kannst die Größe der Leinwand ändern, den Ton anpassen, Dolby Surround oder nur von vorne. Laut oder leise. Wenn es dir guttut, kannst du den Film auch in Schwarz-Weiß ablaufen lassen. Sogar eine Comicvariante ist möglich. Deine Fernbedienung kann einfach alles! Du kannst mit den Stimmen spielen. Vielleicht hat dein Konfliktpartner plötzlich eine ganz hohe Fistelstimme. Vielleicht läuft im Hintergrund eine lustige Musik. Es kann hell oder dunkel im Saal sein. Der Film kann im Zeitraffer oder auch in Zeitlupe ablaufen.
5. Spiele mit den Kino-Eigenschaften, wie es dir passt, und sieh dir den Film dann ein paarmal vorwärts und auch rückwärts an, bis dein Unwohlsein und dein Stress auf ein Minimum zurückgegangen sind.

Mit etwas Erfahrung weißt du bald, welche Vorlieben du hast beziehungsweise welche Kino-Eigenschaften dafür sorgen, dass dein Unwohlsein geringer wird.

Am besten funktioniert das, wenn du es zunächst in Ruhe ausprobierst. Denke an eine Konfliktsituation, die dir Unwohlsein bereitet, und stelle dir diese bildhaft vor. Bewerte zwischen 1 (nicht auszuhalten) und 10 (nicht schlimm), wie du dich dabei fühlst. Nun wende den Kinotrick an. Nimm Platz und sieh dir den Film einige Male an.

Wie geht es dir dabei? Was hat sich verändert? Wie würdest du die Situation danach auf einer Skala zwischen 1 und 10 bewerten? Welche Tipps und Ratschläge würdest du deinem Leinwand-Ich aus der sicheren Position geben?

Auch wenn es dir vielleicht eigenartig erscheint, probiere es einfach einmal aus.

Am einfachsten gelingt der Trick, wenn du in der realen Situation etwas Abstand gewinnst. Vielleicht kannst du ja sagen: „Ich merke gerade, dass ich zu emotional werde. Gib mir bitte 5 Minuten Zeit, damit wir wieder in Ruhe sprechen können." Diese 5 Minuten nutzt du für einen kleinen Besuch in deinem Kino.

Mit etwas Übung gelingt der Trick aber auch blitzartig mitten im Gespräch. Ohne dass dein Partner etwas merkt.

Ein weiteres Werkzeug zum Thema Verstehen ist der „Rollentausch". Du wirst überrascht sein, welche Erkenntnisse dir dieses Werkzeug ermöglichen kann!

5.5 Werkzeug: Rollentausch

Erinnere dich zurück. Immer wenn du über deinen Partner denkst: *Na, das gibt's ja nicht. Wie kann man nur so verbohrt, stur, ignorant sein*, wird es Zeit, etwas zu unternehmen. Denn die Erkenntnis, dass dein Partner einfach ein Idiot sein muss, bringt dich an dieser Stelle nicht weiter. Ich möchte dir daher noch ein weiteres Werkzeug mit auf den Weg gehen. Auch dieses funktioniert sehr gut und kann dir eine oder sogar zwei neue Sichtweisen vermitteln.

Wir tauschen also Rollen. Aber mit wem?

Stelle dir folgendes Szenario vor. Du betrittst einen Raum. In diesem Raum stehen im Dreieck aufgestellt drei Stühle. Die Stühle in diesem Raum sind für drei Personen reserviert.

Ein Stuhl ist für dich, einer für deinen Partner und einer für einen neutralen Beobachter. Keine Sorge, du musst dir jetzt keinen x-beliebigen Gast von der Straße einladen.

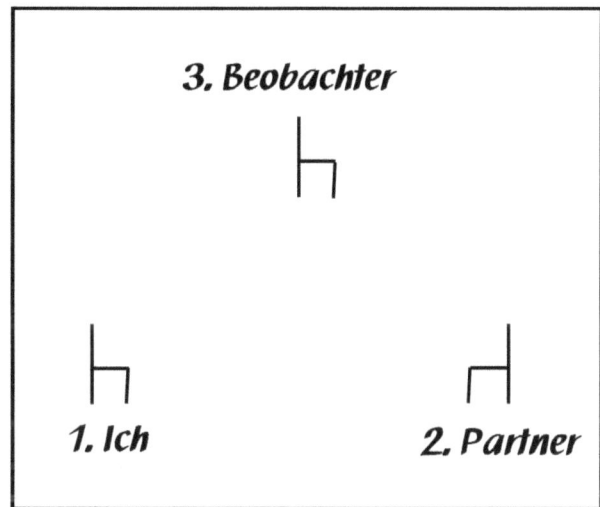

In der Folge wirst du diese drei Positionen einnehmen. Du kannst diese Übung rein in Gedanken durchführen. Es kann aber auch lohnend sein, wirklich physisch durch die drei Positionen zu gehen. Beispielsweise, indem du drei unterschiedliche Sitzgelegenheiten nutzt oder dich an drei unterschiedliche Stellen im Raum bewegst.

Was bringt uns das aber, wenn wir jetzt die Rollen tauschen? Gerade in emotional aufgeladenen Situationen ist es nicht leicht, eine entspannte

Grundstimmung zu bewahren. Seien wir ehrlich zu uns selbst: Es liegt in unserer Natur, uns zu verteidigen, zu rechtfertigen, zu verurteilen oder zu beschuldigen. In den meisten Fällen hilft uns das, wenn überhaupt, aber nur kurzfristig weiter. Die Schlacht mag gewonnen sein, der Krieg dauert an.

Die drei Positionen können uns helfen, unsere Sichtweise mit anderen Aspekten anzureichern, um im idealen Fall neue Reaktionsmuster zu erlangen.

Und das läuft so ab:

1. Nimm die erste Position ein, die Ich-Position. Überlege dir, was dir bei diesem Konflikt wichtig ist: *Was sind deine Standpunkte, was steckt dahinter? Wieso verhältst du dich so, wie du dich verhältst? Was sind deine Erwartungen? Was sind deine Ängste?* In den meisten Fällen weißt du das sehr gut, denn deine Sicht hast du in Gedanken oder auch in der Realität, beim Konflikt selbst oder im Austausch mit Freunden sicher schon öfter durchgespielt.

2. Danach wird es etwas schwieriger. Nimm nun die zweite Position ein. Die Position deines Partners. Halte kurz inne. Überlege dir: *Wie spricht dein Partner? Was hat er für eine Körperhaltung? Was hat er für eine Mimik und Gestik?* Tauche ganz in die Rolle ein. Und nun überlege dir aus der Sicht deines Partners die Antworten zu den obigen Fragen. Beantworte sie in der Ich-Form (Ich bin mein Partner): *Was sind meine Standpunkte, was steckt dahinter? Wieso verhalte ich mich so, wie ich mich verhalte? Was sind meine Erwartungen? Was sind meine Ängste?*
Gehe dies Punkt für Punkt durch. Und denk dran – höchstwahrscheinlich wird dein Partner nicht von sich denken: *Ich verhalte mich so, weil ich ein böser, sturer Bock bin!* Er wird eine andere Meinung von sich haben, überlege dir, welche. Nimm dir Zeit dafür und gib dich nicht mit der ersten Idee zufrieden. Frag dich ruhig ein paarmal: *Was noch?*
Wenn du fertig bist, schüttele dich etwas und nimm ein paar tiefe Atemzüge, um aus der Rolle zu kommen.

3. Gehe nun in die dritte Position, die Position eines neutralen Beobachters. Überlege dir aus dieser Sicht Antworten auf folgende Fragen: *Was läuft hier vor mir ab? Worum geht es wirklich, was ist der Kern des Konflikts? Wie müssten die beiden Partner kommunizieren, um einen Schritt weiter zu kommen? Was müsste geschehen, damit der Konflikt gelöst werden kann?* Denke daran, der neutrale Beobachter entscheidet nicht über richtig oder falsch, schon gar nicht in deinem Sinne. Er betrachtet die Situation mit all ihren Facetten und ist dabei urteilsfrei. Sammle mit dieser Sichtweise so viele Erkenntnisse wie möglich.
   Am Ende schüttle dich wieder etwas und nimm ein paar tiefe Atemzüge, um auch diese Rolle zu verlassen.

4. Geh zurück in die erste Position. Wieder im Ich angekommen, überlege dir, was du mit dem zusätzlich erlangten Wissen tun kannst: *Was kannst du jetzt besser verstehen? Was kannst du an deinem Konfliktverhalten verändern? Was könnte deinerseits ein erster Schritt zu einer möglichen Lösung sein?*

Du weißt ja, beide Partner tragen Verantwortung, aber es genügt oft eine kleine Veränderung im ganzen System, damit ein Stein ins Rollen kommt. Wenn du diesen Schritt gehst, ist die Chance auf Veränderung groß.

Wenn dir dieses Werkzeug komisch vorkommt, denke daran, dass auch der großartige Walt Disney diese Kreativitätstechnik angewandt hat. Seine Stühle waren die des Träumers, des Kritikers und des Realisten. Das Einnehmen der unterschiedlichen Rollen ermöglichte ihm, Situationen aus mehreren Blickwinkeln zu beleuchten und zahlreiche wertvolle Erkenntnisse zu erlangen. Kritik an den unterschiedlichen Charakteren soll bei dieser Technik vermieden werden – genauso solltest auch du sachlich, ohne Bewertung und Emotionen mit den Erkenntnissen der unterschiedlichen Stühle umgehen. Die Sichtweise, dass kein Stuhl besser als der andere ist, war Walt Disneys Stärke und ein Geheimnis seines Erfolges. Wenn du dich darauf einlässt, kannst du große Erfolge von diesem Werkzeug erwarten.

Wir werden auch noch Werkzeuge kennenlernen, die euch helfen, einen Konflikt adäquat anzusprechen und in weiterer Folge aufzulösen. Und zwar so aufzulösen, dass beide Partner überzeugt sind, eine brauchbare Lösung gefunden zu haben.

Mit diesen Hilfsmitteln im Werkzeugkoffer legen wir nun los. Wir brechen als Forscher auf in ein weit entferntes Land.

5.6 Verstehen fängt bei mir selbst an

Wenn ich auf Reisen in einem Land bin, dessen Sprache und Bräuche ich nicht verstehe, tue ich mich sehr schwer. Dass in China völlig ungeniert auf den Boden gespuckt wird, ist für Europäer eher befremdlich. Die japanische Sprache ist für einen Großteil der restlichen Welt ein völliges Mysterium. Aber wir brauchen gar nicht so weit in die Ferne schweifen, denn schließlich hat das in Wien gebräuchliche Wort „Oida" je nach Ausdruck und Mimik auch 23 unterschiedliche Bedeutungen.

Und wenn wir wirklich zum Kern des Nichtverstehens vordringen wollen, ja, dann musst du gar nicht reisen. Du brauchst dich nur umdrehen, und schon siehst du ein komplett fremdes, undurchschaubares, beinahe außerirdisch anmutendes Wesen – deinen Partner. Du meinst, das ist jetzt übertrieben? Ja, vielleicht. Doch viele Beziehungen sind gespickt mit Unverständnis, Missverständnissen, falschen Annahmen und Erwartungen.

Wie kann es sein, dass ich jemanden, mit dem ich so viel Zeit verbringe, oft nicht verstehe? Unser Gehirn ist gewohnt, in Schubladen zu denken, zusammenzufassen und zu vergleichen. Und das ist auch gut so. Wenn mir ein Säbelzahntiger auf den Fersen ist, dann muss ich nicht lange überlegen, welche Absichten er haben könnte und ob er nur spielen will. Säbelzahntiger = gefährlich = Flucht! Oder Tod!

Doch mein Gegenüber ist nun mal kein Säbelzahntiger, und in den meisten Fällen erwartet mich auch nicht der Tod. Mein Gegenüber ist ein Individuum mit einer langen und einzigartigen Geschichte. Eine Geschichte, die Freude erzeugt und Wunden hinterlassen hat. Eine Geschichte, die in der Vergangenheit gezeigt hat, wie zwischenmenschliche Beziehungen funktionieren. Und zwar nicht nach einem allgemeingültigen Muster, sondern individuell – bei den Eltern, anderen Bezugspersonen und aus eigenen Erfahrungen. All dies wird in einen Rucksack gepackt, der fortan immer mit dabei ist. Der das Denken und Handeln beeinflusst, und das oft auf einer unbewussten Ebene. Ein schwarzes Loch mit guten und schlechten Informationen, die hinderlich sein können. Einige Inhalte kenne ich, andere nicht. Und mein Partner kennt diesen Rucksack überhaupt nicht. Was noch schlimmer ist: Er hat einen eigenen, gänzlich anders gefüllten Rucksack. Und da treffen nun zwei Rucksäcke aufeinander, um gemeinsam eine Wanderung zu bestreiten. Dass dies ein schwieriges Unterfangen werden kann, ist leicht zu erraten.

Für den Erfolg ist Verstehen zunächst wichtiger als Verstandenwerden. Bitte also erst verstehen, verstehen, verstehen und dann erst verstanden werden. Leider ist es wie so oft im Leben – es wäre schön, wenn's einfacher wäre. Wenn der andere den ersten Schritt täte. Doch Vertrauen beruht auf Verstehen. Und bis Vertrauen aufgebaut ist, braucht es sehr viel Verständnis.

Wie gelingt es mir nun, zu verstehen?

5.7 Werkzeug: meine Teile in mir

Zuerst werde ich dir etwas vorstellen, das dir hilft, dich selbst in manchen Facetten besser zu verstehen. Dieses Verständnis deiner inneren Abläufe kann in weiterer Folge ein gegenseitiges Verständnis mit deinem Partner ungemein erleichtern.

Kennst du das auch? Manchmal treten in meiner Beziehung Umstände auf, wo mein Motor anspringt. Irgendetwas passt nicht, vielleicht bin ich ohnehin gleich eingeschnappt oder etwas nagt im Stillen an mir. Es ist jedenfalls nicht so, wie ich es haben möchte. Und dann kommt mir der Gedanke: *Ich würde ja gerne anders, aber ...*

Ich würde ja gerne aus mir rausgehen, aber ...

Ich würde ja gerne Verständnis zeigen, aber ...

Ich würde ja gerne gelassen bleiben, aber ...

Hierzu gibt es ein nachvollziehbares Konzept sowie ein unglaublich effektives Werkzeug.

Unser Selbst besteht aus mehreren inneren Anteilen. Das sind in mir beispielsweise der

- ängstliche Christian,
- fordernde Christian,
- weise Christian,
- traurige Christian,
- lustige Christian,
- nachdenkliche Christian
- und viele mehr.

All diese Anteile bilden in ihrer Gesamtheit meine Persönlichkeit. Und nun kommt eine wichtige Information: Alle diese Teile wollen in ihrer Grundausrichtung etwas Gutes für mich erreichen. Das ist auch logisch, denn da sie in mir beheimatet sind, geht es ihnen automatisch schlecht, wenn es mir schlecht geht. Es wäre also kontraproduktiv, wenn sie mir etwas Schlechtes antun würden. Wir dürfen somit annehmen, dass diese Teile jeweils das beste Mittel in ihrem Repertoire wählen, das ihnen in einer bestimmten Situation zur Verfügung steht.

Und da liegt auch der Hund begraben – das beste Mittel, das ihnen zur Verfügung steht. Vielleicht gibt es ein besseres Mittel, sie wissen es nur nicht. Oder sie haben Angst, es zu verwenden, weil sie unsicher sind. Oder es ist so, dass dieses Mittel früher einmal sehr gut geeignet war, mittlerweile jedoch nicht mehr. Wenn ich als Kind einen sehr strengen Vater hatte, der keine Widerrede duldete, dann kann im Konfliktfall Rückzug und Schweigen das Mittel der Wahl gewesen sein. Und das war auch gut so, denn es war ein passender Schutz in dieser Situation. Wenn ich später in meiner Beziehung aber immer Rückzug und Schweigen wähle, so ist das nicht mehr das beste Mittel der Wahl. Und aus dem ursprünglichen Schutz wird jetzt eine Gefahr, da Konflikte nicht erwachsen und beziehungsgerecht bereinigt werden können.

Wie kann ich es nun also schaffen, dass der gute Wille meiner inneren Anteile und ihre wichtige Schutzaufgabe gewährleistet bleiben, allerdings ein passenderes Mittel für die jeweilige Situation gefunden wird?

Bevor ich dieses Werkzeug zum ersten Mal ausprobiert habe, fand ich es sehr eigenartig. Es ist aber tatsächlich möglich, mit seinen inneren Anteilen in Kontakt zu treten. Und das können wir sehr gut nutzen, um mit ihnen zu verhandeln. Verwende das Werkzeug immer dann, wenn du in dir ein unpassendes Verhaltens- oder Denkmuster erkennst, das dich darin behindert, so zu agieren, wie du das eigentlich gerne möchtest und als sinnvoll erachtest.

Du brauchst dabei Ruhe und eine ungestörte Umgebung. Überlege dir vorab, welches einschränkende Muster du verändern willst Der Ablauf ist im Folgenden Schritt für Schritt beschrieben:

1. Setze dich auf einen Stuhl, die Füße fest am Boden, schließe die Augen und nimm ein paar tiefe Atemzüge. Stell dir dabei vor, wie mit jedem Atemzug deine Anspannung verschwindet und du mehr und mehr zur Ruhe kommst. Bereite dich darauf vor, deinen Geist zu öffnen und sei neugierig, was nun kommen mag.

2. Nun bitte deinen inneren Anteil, der für das Muster – beispielsweise Rückzug und Schweigen in Konflikten – zuständig ist, sich zu zeigen und mit dir in Kontakt zu treten. Lass dir so viel Zeit, wie du brauchst, bis sich der Teil zu erkennen gibt. Sollte sich der Teil einmal wirklich nicht melden, stelle die Frage: „Was brauchst du von mir, um dich zu melden?" Eventuell musst du ihm dies geben, damit eine Kommunikation mit dem Teil möglich wird.

3. Wenn der Teil mit dir Kontakt aufgenommen hat, wertschätze dies und bedanke dich bei ihm. Das erhöht die Chance auf ein konstruktives Gespräch.

4. Nun frage den Teil direkt, was die gute Absicht hinter dem angewandten Muster ist. Frage ruhig detailliert nach, bis du verstehst, worum es ihm wirklich geht.

5. Wertschätze die gute Absicht und bedanke dich für all die guten Erfolge und den Schutz, der durch dieses Muster schon entstanden ist.

6. Frage nun den Teil offen, ob er sich vorstellen kann, über neue Muster nachzudenken, die seine gute Absicht unterstützen und trotzdem passendere Ergebnisse für dich erzielen. Die Antwort ist in den meisten Fällen „Ja", da der Teil ja etwas Gutes für dich erreichen will. Sollte die Antwort „Nein" sein, frage nach, was der Teil benötigt, um zuzustimmen – und gib es ihm.

7. Bitte nun jenen deiner Teile, der für kreative Lösungen und Ideen zuständig ist, sich zu zeigen.
8. Wenn sich der Teil zeigt, bedanke dich auch bei ihm.
9. Bitte nun deine beiden Teile, darüber zu verhandeln, wie ein neues, passendes Muster aussehen könnte. Instruiere dabei deinen kreativen Teil, dass es wichtig ist, die ursprüngliche gute Absicht beizubehalten. Lasse deine inneren Teile bis zu drei neue mögliche Verhaltensweisen oder Muster finden.
10. Bedanke dich im Anschluss bei beiden Teilen für die konstruktive Vorgehensweise.
11. Frage nun den ersten Teil, welche von den Lösungen er für einen begrenzten Zeitraum ausprobieren möchte beziehungsweise, was er noch braucht, um eine Methode ausprobieren zu wollen. Versprich dem Teil, dass er sich jederzeit bei dir melden kann, wenn er Wünsche oder Anregungen hat. Versprich ihm auch, dass du nach Ablauf der Zeit Kontakt aufnehmen wirst, um über die neuen Erfahrungen zu sprechen und zu überlegen, ob das neue Muster erhalten bleiben soll oder ob weitere Veränderungen nötig sind.
12. Bedanke und verabschiede dich bei den Teilen.

Hinweis: Sei nicht zu streng mit dir. Es kann anfangs dauern, bis sich die Teile zeigen. Erwarte nicht, dass sie wie reale Personen agieren. Das kann zwar sein, es ist aber auch möglich, dass sie sich in Form eines Farbkleckses, einer Lichtquelle oder einer Comicfigur zeigen. Sei einfach offen, neugierig und staune, was passiert.

Vielleicht erscheint dir dieses Werkzeug seltsam. Ich kann dir aber versichern, dass es unglaublich wirksam und hilfreich sein kann.

Probiere es einfach einmal aus … im Sinne der Agilität!

Nun haben wir einiges über uns selbst gelernt. Es ist an der Zeit, mit dem Verstehen unseres Partners und unserer Beziehungsdynamik fortzufahren.

5.8 Dialog als Weg zum Verstandenwerden

Du kennst nun einige Werkzeuge, die dir beim Verstehen helfen. Wahrscheinlich haben dir die Übungen einige neue Erkenntnisse und Eindrücke geschenkt. Du hast viel über dich und deinen Partner gelernt. Um zu überprüfen, ob du deinen Partner verstanden hast und ob er dich richtig versteht, ist es notwendig, in einen Dialog zu treten. Die Art und Weise des Dialogs, den ich dir vorstellen werde, wird dir im ersten Moment vielleicht unnatürlich oder gekünstelt vorkommen. Ich bitte dich aber, dich trotzdem darauf einzulassen und die Übungen exakt so durchzuführen, wie sie beschrieben sind.

Und jetzt wird dieses Buch zum ersten Mal so richtig „streng": Jede, wirklich jede Kommunikation, bei der du dich mithilfe der Werkzeuge dieses Buches mit deinem Partner austauschst, wird in einer strengen Dialogform geführt. Dies ist essenziell für den Erfolg, denn eine funktionierende, wertschätzende Kommunikation ist die Basis jeder Beziehung. Selbst mit einer guten Kommunikation ist es schwierig, in Konflikten oder angespannten Situationen die richtigen Worte zu treffen. Oft glauben wir zwar, dass wir gut kommunizieren können – würden wir aber unseren Partner an dieser Stelle fragen, könnte es sein, dass er uns ein anderes Zeugnis ausstellt.

In vielen Fällen sind wir zu sehr in unserem Selbst gefangen. Es sieht so aus, als würden wir zuhören, in Wahrheit sind wir aber in unserem Inneren schon damit beschäftigt, eine Antwort zu finden. Da wir Menschen uns nicht gut auf mehrere Dinge gleichzeitig konzentrieren können, gehen so jedoch wichtige Informationen einfach an uns vorbei. Nicht selten hören wir dann: „Du verstehst wieder einmal gar nichts!"

Wir wollen die strenge Dialogform daher nutzen, um eine neue Erfahrung mit unserem Partner zu machen. Eine Erfahrung, die es uns erlaubt, in seine Welt einzutauchen. Eine Erfahrung, die es uns erlaubt, vorurteilsfrei zuzuhören, ohne uns zu verteidigen – auch wenn wir mit dem Gehörten nicht einverstanden sind und eine vollkommen andere Sicht haben. Eine Erfahrung, die eine Verbindung von Herz zu Herz erzeugt und eine Brücke zwischen zwei befreundeten Ländern baut. Bitte haltet während des Dialogs immer Augenkontakt. Der Augenkontakt verstärkt die Verbindung zwischen euch um ein Vielfaches und erleichtert es ungemein, eine stabile Brücke zu bauen.

Klingt das spannend? Gut, dann lass uns das vertiefen.

Bei jedem Dialog gibt es einen Sender und einen Empfänger. Im Vorfeld einigt sich das Paar darauf, wer bei der folgenden Kommunikation zuerst sendet und wer empfängt. Sehr oft erfolgt danach ein Wechsel der Rollen. Ich nehme gleich vorweg – anfangs kann sich diese Art des Dialogs etwas sperrig anfühlen, vielleicht gekünstelt. Ja, das ist richtig und auch ganz normal. Du bist auch nicht auf's Fahrrad gestiegen und wie ein Meister losgefahren. Es braucht etwas Übung, um in Schwung zu kommen. Das Gute daran ist, dass du auf dem Weg der Übung bereits viele kleine Erfolge einsammeln wirst, die dich hoffentlich dazu motivieren, dranzubleiben.

Jeder dieser Dialoge hat einen ähnlichen Aufbau und ein ähnliches Ziel: einen Weg durch verschiede Ebenen (Symbol – Gefühl – Bedürfnis - Anerkennen) der Welt unseres Partners, um ein tiefgreifendes Verstehen zu ermöglichen. Du lernst das in der Folge noch genau kennen.

Kommen wir nun zur ersten Rolle im Dialog, dem Empfangen der gesendeten Worte. Der Empfänger hat nur die Rolle des Zuhörers – und glaube mir, das kann ganz schön anstrengend sein.

5.9   Einfühlendes Zuhören

Wenn es ums Zuhören geht, dann wird häufig das aktive Zuhören heraufbeschworen. Was ist aktives Zuhören? Genügt es, wenn ich hin und wieder ein interessiertes „Mhm" oder „Aha" einstreue? Wohl nicht, denn sonst wären wir alle Meister des Zuhörens. Für mich ist der Begriff des aktiven Zuhörens etwas veraltet. Ich kann aktiv zuhören und nebenbei überlege ich mir schon meine Antwort, in der Hoffnung, bald wieder die Sprecherrolle übernehmen zu können. Oder noch schlimmer, mein „Mhm" und „Aha" wird überlagert von einem inneren Dialog: *Was sollte ich heute Abend aus dem Supermarkt mitnehmen? Waren es Eier oder Joghurt?*

Meiner Meinung nach ist der richtigere und auch erfolgversprechendere Ausdruck das einfühlende Zuhören. Wir glauben oft zu wissen, was unser Gegenüber tun sollte oder wie er sich fühlen sollte, da wir von unserer Welt auf seine Welt schließen. Das ist jedoch ein gravierender Irrtum. Es geht beim einfühlenden Zuhören darum, die eigene Welt zu verlassen und vollkommen vorurteilsfrei in die Welt des Gegenübers einzutauchen, um sich wertungsfrei auf neue Erfahrungen einzulassen.

> *Die Kunst im Zuhören besteht darin, das Gesagte zu fühlen und das Ungesagte zu spüren.* (Unbekannt)

Für diejenigen, die einfühlendes Zuhören perfektionieren wollen, kommt nun die Anleitung:

1. Durch Blickkontakt stelle ich eine aufmerksame Verbindung mit meinem Gegenüber her. Es ist jedoch kein „Stalker-Blick", der das Blut in den Adern gefrieren lässt, sondern ein offener „Ich bin jetzt ganz aufmerksam für dich da"-Blick. Ein ermunterndes „Erzähl mir bitte mehr darüber" ist natürlich immer erlaubt.

2. Ein weiterer wichtiger Punkt ist das Spiegeln der Emotionen unseres Partners. Du kennst sicher folgendes Szenario: Du bist ganz aufgeregt, gestikulierst, deutest und erzählst deinem Gesprächspartner etwas wahnsinnig Spannendes. Die Antwort der Schlaftablette gegenüber klingt irgendwie so wie „Aahaa, das ist ja wiiirklich aufregend", gefolgt von einem langsamen, tiefen Atemzug. Schon merkst du, dass ihr nicht ganz im Fluss des Gespräches angekommen seid. Wenn man zwei Menschen bei einem fließenden Gespräch beobachtet, sieht man häufig, wie sie sich immer mehr angleichen. Mimik, Gestik, Atemfrequenz und Emotionen bewegen sich im Einklang. Und genau darum geht es beim Spiegeln der Emotionen. Es ist ein Herstellen von Einklang im Gespräch.

3. Um wirklich aufmerksam beim Gesprächspartner bleiben zu können, ist es sehr wichtig, in kurzen Abständen zusammenzufassen, zu wiederholen, nachzufragen oder zu paraphrasieren. Das heißt, wir wiederholen das Gehörte sinngemäß. Wir signalisieren mit unserer gesamten Aufmerksamkeit, dass wir bereit sind, die Welt unseres Gegenübers wahrzunehmen, ja, in sie einzutauchen. Wenn ich das anwende, bleibt mir gar nichts anderes übrig, als konzentriert und einfühlend zuzuhören, da ich

sonst nicht in der Lage bin, es durchzuführen. Und dein Partner hat die Möglichkeit, das Gesagte nochmals zu reflektieren und zu überlegen, ob es wirklich das ist, was er gemeint hat. Stell dir vor, du hörst folgende Sätze: „Ich bin derzeit unzufrieden mit unserer Beziehung. Ich habe das Gefühl, wir reden nur noch aneinander vorbei und leben nebeneinanderher. Das frustriert mich." Und so wenden wir die Methode an:

    a) **Zusammenfassen:** Wir fassen den Kern zusammen: „Du bist unzufrieden, weil wir nur nebeneinanderher leben und aneinander vorbeireden".

    b) **Wiederholen:** Wir versuchen, wirklich wörtlich zu wiederholen: „Du bist unzufrieden mit der Beziehung. Du meinst, wir reden nur noch aneinander vorbei und leben nebeneinanderher. Das frustriert dich".

    c) **Nachfragen:** Wir fragen nach, um mehr Details zu bekommen, um besser zu verstehen: „Wie meinst du das mit dem Nebeneinanderherleben? Was genau meinst du damit, dass dich das frustriert?"

    d) **Paraphrasieren:** Wir wiederholen mit unseren eigenen Worten: „Du sagst, wir haben uns auseinandergelebt. Das macht dich unglücklich und traurig."

4. Nun kommt ein wichtiger Teil des Ganzen, nämlich das Einfühlen. Du versuchst, dir bildlich vorzustellen, wie sich dein Gegenüber in dieser Situation fühlt. Ja richtig, nicht wie du dich fühlst oder fühlen würdest, sondern dein Gesprächspartner unter Einbeziehung seiner Persönlichkeit und Eigenschaften. Um die Welt des anderen zu verstehen, ist es nötig, die eigenen Erfahrungen, Vorstellungen und Wahrheiten beiseitezulassen und für kurze Zeit zu ignorieren. Und dann kannst du auch nachfragen. Das kann sein: „Ich glaube, dass dich das wütend macht, weil du gerne hättest, dass wir viel gemeinsam machen? Ist das so?" Oder: „Ich vermute, dass dich das traurig macht, weil wir uns früher viel besser verstanden haben und nicht so oft aneinander vorbeigeredet haben? Ist es

das, wie du dich fühlst?" Es geht darum, mitzufühlen, wie es deinem Gesprächspartner in dieser Situation wirklich ergangen ist. Weiter versuchst du durch das Nachfragen auch zu erfahren, ob du die Gefühle deines Gegenübers richtig erfasst hast. So kannst du überprüfen, ob du richtig verstanden hast, und dein Partner sieht, dass du ihn einfühlend wahrgenommen hast. Du kannst auch anmerken: „Ich verstehe aus deiner Sicht, dass du dich so fühlst." Damit signalisierst du deinem Partner eine Wertschätzung seiner Sicht auf die Welt.

Was nun keinesfalls folgen sollte, ist der Satz: „Aber ich sehe es komplett anders." Dann ist all die Mühe umsonst gewesen. Es ist in keinem dieser Beispiele Platz für eine Verteidigung oder Rechtfertigung. Das ist auch gar nicht nötig, denn es geht nicht darum herauszufinden, ob dein Partner die Wahrheit sagt oder recht hat. Es geht darum, die individuelle Welt des Partners kennenzulernen und seine individuelle Sicht auf die Dinge. Und aus der Sicht des Partners sind diese auch wahr und richtig. Das bedeutet nicht, dass es auch für dich so sein muss. Und daher ist es nicht nötig, dich zu rechtfertigen.

In der Folge kannst du nun in Ruhe reflektieren, was das Gesagte bei dir auslöst. Vielleicht findest du es unfair, vielleicht unwahr. Vielleicht kannst du auch manches akzeptieren oder siehst es sogar ähnlich. Die wichtigere Sicht darauf ist aber: „Was tun wir jetzt mit dem Gesagten? In welcher Art und Weise können wir gemeinsam Änderungen herbeiführen, die für uns beide besser sind als der Status quo?

Auch folgende Sätze sollten zu deinen besten Freunden werden:

1. Was brauchst du gerade jetzt von mir?
2. Was ist in der Beziehung für dich wichtig, um dich wohlzufühlen?
3. Was bedeutet es für dich, wenn du das tust/sagst?
4. Wie kann ich dir zeigen, dass du mir wichtig bist?

Es kann anfangs befremdlich wirken, wenn du diese Sätze aussprichst, für dich und für deinen Partner. Wenn jedoch genügend Vertrauen aufgebaut wurde und die Sätze ehrlich gemeint sind, können sie Wunder wirken. Sie beinhalten Verständnis, Wertschätzung und auch eine lösungsorientierte Komponente, die sich nur positiv auswirken kann. Probiere es einfach aus. Du schenkst damit deinem Gegenüber die Erfahrung, was es bedeutet, wirklich verstanden zu werden.

Ein kleiner Hinweis noch – ein netter Abschluss eines Dialoges kann beispielsweise der Satz sein: „Danke, dass du mir das erzählt hast."

Wir starten nun gleich einen Versuch mit der Tour-Guide-Übung.

5.10 Werkzeug: Tour-Guide

Die Tour-Guide-Übung ist ein Werkzeug, das zur schlagartigen Verbesserung der Beziehung beitragen kann. Ein Werkzeug, das einfach in der Anwendung und nachhaltig in der Wirkung ist.

Ein Tour-Guide ist eine Person, die Touristen spannende Orte näherbringt und dabei auch auf die Besonderheiten und Eigenschaften der Menschen dieses Landes eingeht.

Ich merkte bei dieser Übung schnell: Das Ergebnis ist verblüffend! Trotz der einfachen Art der Durchführung berichteten mir viele Paare sofort danach von einem nie zuvor erlebten Verständnis, das in einer neuen Beziehungsqualität mündete.

Zur Durchführung benötigt ihr nur zwei Stühle, circa 30 Minuten Zeit und einen ungestörten Ort. Es werden zwei Durchgänge mit einer Dauer von jeweils 15 Minuten durchgeführt. Jeder ist abwechselnd einmal Tour-Guide im eigenen Land und einmal Tourist im Land des Partners.

1. Stellt die beiden Stühle so auf, dass ihr euch gegenübersitzt und in die Augen schauen könnt. Wählt einen Abstand, der für euch passend ist und sich gut anfühlt. Es kann sein, dass ihr einen Meter voneinander entfernt sitzt oder auch so nahe, dass sich eure Oberschenkel berühren.
2. WICHTIG! Seht euch während der gesamten Übung in die Augen.
3. Der Tour-Guide beginnt nun, über sein Land und dessen Bewohner zu erzählen (Beispiele folgen im Anschluss). Was ist wissenswert, was sind die Regeln dieses Landes, welche Werte sind bedeutend, was ist den Einwohnern wichtig und warum?
   Hinweis: Der Tourist darf zwar Fragen stellen (Beispiele folgen im Anschluss), jedoch das Gehörte nicht bewerten oder, noch schlimmer, abwerten. Viele Sitten in fremden Ländern mögen uns seltsam, verwirrend oder sogar abstoßend vorkommen. Doch da sich Kulturen unterschiedlich entwickeln, ist das oft nur eine Frage der Sichtweise.
   Bei spannenden Themen kann der Tourist in die Tiefe gehen. Das Ziel in den 15 Minuten liegt darin, das Land des Partners so gut wie möglich zu erforschen und auch zu verstehen. Wie praktisch, dass ein erfahrener Tour-Guide vor dir sitzt.
4. Und das war's auch schon. Der Tourist beendet den Durchgang mit den Worten: „Danke, dass du mir das erzählt hast." Der Tour-Guide antwortet: „Danke, dass du mein Land besucht hast."

5. Es folgt ein zweiter Durchgang mit vertauschten Rollen.

Klingt einfach, oder? Ist es auch. Ich muss gestehen, dass ich am eigenen Leib schon oft erfahren habe, welch irrige Annahmen ich über das wunderschöne Land meiner Frau hatte. Und dann habe ich mich schlecht gefühlt, da ich Annahmen getroffen hatte (Gedankenlesen, Interpretationen), die nichts mit ihrer Realität zu tun hatten. Was für ein Fail. Ich konstruierte buchstäblich meine eigene Unzufriedenheit. Und das ist nicht nur nicht nötig, sondern eigentlich auch ziemlich blöd!

Wenn ihr die Übung mehrmals durchführt, werdet ihr automatisch merken, dass ihr euch immer näherkommt. Dass Missverständnisse immer weniger werden. Dass viele Dinge, die früher zu Konflikten geführt haben, nun mit einem Augenzwinkern erledigt sind.

Das Einander-Näherkommen ist der Kern dieser Übung. Dank der Erzählungen und dem interessierten Nachfragen wächst eine völlig neue und vertrauensvolle Basis für eure Beziehung. Es geht aber keineswegs darum, alle Eigenschaften und Regeln des anderen Landes zu übernehmen und als richtig anzuerkennen. Doch je mehr du über ein fremdes Land weißt, desto einfacher wird es dir fallen, bewusst zu entscheiden, wie du dieses Wissen verwenden möchtest!

Wichtige Hinweise

- Seid offen als Tour-Guide und neugierig als Tourist.
- Akzeptiert Unterschiede in euren Ländern und lasst diese gelten. Die Merkmale und Gebräuche im anderen Land sind nicht verrückt – sie sind, wie sie sind.
- Seid wertschätzend und respektvoll, wenn ihr das fremde Land besucht.
- Seht euch während der gesamten Übung in die Augen!

Was könnte der Tour-Guide erzählen?

- In meinem Land gehen die Einwohner gerne zeitig schlafen, da sie sonst am nächsten Tag zu wenig Energie haben.
- In meinem Land werden Konflikte laut ausgetragen, da Emotionen dazugehören. Das bedeutet aber nicht, dass die Einwohner respektlos sind.
- In meinem Land ist es wichtig, sich emotional nahe zu sein, bevor man Sex hat, da es sonst schwer ist abzuschalten.
- In meinem Land sind die Einwohner gerne auch mal allein, da sie Zeit zum Nachdenken benötigen.
- In meinem Land kann man sich am besten entspannen, wenn man aktiv ist, etwa beim Laufen oder Spazierengehen.
- In meinem Land ist es wichtig, beruflich erfolgreich zu sein.
- In meinem Land ist man lieber zu zweit unterwegs als in großen Gruppen, da sich die Einwohner schwertun, in größeren Gruppen die Aufmerksamkeit zu halten.
- In meinem Land haben die Menschen Angst vor ...
- In meinem Land ist es nicht schlimm, wenn jemand zu spät kommt. Allerdings ist es wichtig, dass eine kurze Verständigung erfolgt.
- In meinem Land ist es wichtig, sich weiterzuentwickeln, da Stillstand negativ gesehen wird.
- In meinem Land ist es wichtig, aufmerksam und dankbar zu sein, da man sonst als unfreundlich angesehen wird.
- In meinem Land schläft man am liebsten nackt.
- In meinem Land benötigt man einige Minuten Ruhe, wenn man von der Arbeit heimkommt, um sich sammeln zu können.
- In meinem Land schämen sich die Leute für ...
- In meinem Land schickt es sich nicht, Blumen zu schenken. Wörtliche Komplimente sind mehr wert.
- ...

Was könnte der Tourist fragen?

- Wie sieht beruflicher Erfolg in deinem Land genau aus?
- Wie kommt man sich in deinem Land emotional näher?
- Was darf man in deinem Land gar nicht tun?
- Was bedeutet es in deinem Land, wenn ...?
- Was macht man in deinem Land, wenn man es sich mal so richtig gutgehen lassen will?
- Womit kann man den Einwohnern deines Landes eine Freude machen?
- Wie zeigt man in deinem Land Aufmerksamkeit?
- Was sind die Lieblingsspeisen der Einwohner deines Landes?
- Was ist der Nationalsport in deinem Land und warum?
- Wie kam es dazu, dass Pünktlichkeit und Ordnung in deinem Land so wichtig sind?
- Welche ungeschriebenen Gesetze gibt es in deinem Land?
- Wieso ist dieses oder jenes so?
- Wie kam es dazu, dass ...?
- Was ist in deinem Land gemeint, wenn ...?

Wieso ist diese Übung so erfolgreich?

- Durch das Kennenlernen wichtiger Punkte des Partners und das neue Verständnis erlangt ihr in kürzester Zeit eine unglaublich starke Basis für eure Beziehung.
- Wenn etwas in eurer Beziehung im Verborgenen vorhanden ist, dann kann das leicht zu Missverständnissen führen. Hingegen könnt ihr alles, was auf dem Tisch liegt, künftig auch berücksichtigen.
- Dank der Gespräche entstehen neues Vertrauen, neue Nähe und neue Tiefe. Sie sind der erste Schritt in eine bewusst geführte Beziehung. WICHTIG: Keine Be- und Abwertungen während der Gespräche!
- Der Augenkontakt verstärkt die erlebten Gefühle während der Gespräche um ein Vielfaches.

Vielleicht denkt jetzt der eine oder die andere: *Na ja, ob das was hilft? Da ist jetzt nicht wirklich eine neue Erkenntnis dabei. Das ist doch zu einfach gestrickt.*

Und ich gebe dir recht. Es ist wirklich keine neue Erkenntnis, keine bahnbrechende Erfindung. Ich kann dich nur bitten, diese Übung einfach einmal in der Praxis auszuprobieren. Vielleicht überzeugt dich ja der Erfolg, den du mit dieser Übung für deine Beziehung herausholen wirst?

Schließlich sind es oft die einfachen Dinge, die uns das Leben leichter machen!

5.11 Sprechen, um wirklich verstanden zu werden

Nun sind wir also beim Sprechen angelangt. Die meisten Menschen werden sagen: „Kein Problem, kann ich."

Doch in den meisten Fällen ist es ein Problem. Hast du schon einmal gehört oder, noch schlimmer, vielleicht sogar selbst gesagt: „Das habe ich dir doch schon zwanzigmal gesagt und es funktioniert immer noch nicht." Ja, dann ist wohl dein Partner schuld!

Lass mich an dieser Stelle ganz kurz einmal die Rolle des Advocatus Diaboli einnehmen. Das heißt, ich nehme eine bewusste Gegenposition zu der eben genannten Ansicht ein. Was, wenn es doch nicht an deinem Partner liegt? Was, wenn tatsächlich ein Körnchen Wahrheit steckt in dem Ausspruch: *Wenn jemand etwas nicht versteht, dann liegt es am Sender und nicht am Empfänger*?

Nehmen wir also an, wir selbst müssen tatsächlich etwas tun, um wirklich verstanden zu werden. Was kann das sein?

An dieser Stelle vertieft darauf einzugehen, würde den Rahmen dieses Buches sprengen. Friedemann Schulz von Thun (Kommunikationsquadrat), Marshall Rosenberg (Gewaltfreie Kommunikation) oder auch Eric Berne (Transaktionsanalyse) haben beinahe ihr ganzes Leben damit verbracht, mehr Licht ins Dunkel dieses Themas zu bringen.

In der Kürze fasse ich an dieser Stelle die aus meiner Sicht wichtigsten Anregungen zusammen, wie wir uns das Leben leichter machen können. Als Sender tust du gut daran, so viele Punkte wie möglich in dein Gespräch zu integrieren.

1. Sprich, wann immer möglich, in der Ich-Form. Das bedeutet jedoch nicht, dass du statt: „Du bist ein Vollidiot!" ab jetzt sagst: „Ich glaube, du bist ein Vollidiot!". Vermeide, wann immer möglich, Anschuldigungen oder Kritik, es sei denn, du möchtest Öl ins Feuer gießen. Sprich vielmehr darüber, was in dir vorgeht. Sprich darüber, was die Situation in dir auslöst, deine Empfindungen und Gefühle. Auch wenn es banal klingt – ein „Ich fühle mich schlecht, wenn du zu spät kommst." hat eine gänzlich andere Wirkung als „Immer kommst du zu spät! Du bist einfach rücksichtslos". An dieser Stelle bleib also immer bei Ich Ich Ich und deinem Empfinden.

2. Drifte nicht ab in die Vergangenheit. Wenn du über eine Situation sprichst, dann bleibe dabei und hole nicht zu einem Rundumschlag aus, der in die griechische Antike zurückführt. Beschreibe die Situation, über die du sprechen willst, so objektiv wie möglich. In vielen Fällen neigen wir dazu, Interpretationen oder Bewertungen („Du kommst zu spät, weil

ich dir nicht wichtig bin!") anzubringen. Auch wenn es schwerfällt, stell dir vor, was eine Videokamera an dieser Stelle hätte aufnehmen können und belasse es dabei. *„Ich habe wahrgenommen, dass Du 10 Minuten nach der vereinbarten Zeit gekommen bist",* hat eine gänzlich andere Wirkung als eine Generalanschuldigung.

3. Versuche Negationen wie „Ich möchte nicht ..." zu vermeiden. Nur weil man etwas nicht möchte, vermag der andere nicht automatisch zu erkennen, was stattdessen gewünscht ist. Streiche also „nicht" und kommuniziere, was du stattdessen möchtest.

4. Sprich in Wünschen oder Bitten und nicht in Anschuldigungen. „Nie rufst Du mich an!" hat eine andere Wirkung als „Ich würde mir wünschen, dass du mich anrufst, wenn du später kommst, denn dann kann ich noch etwas erledigen." Merkst du den Unterschied?

5. Spare dir generell Herabwürdigungen, Respektlosigkeiten, Schimpfwörter, Unterstellungen. Ich glaube, hier ist keine weitere Erklärung nötig.

6. Finde den richtigen Kanal zu deinem Partner. Was ist damit gemeint? Menschen verwenden oft einen unterschiedlichen primären Kanal, auf dem sie sprechen und den sie gut verstehen. Man nennt dies VAKOG. Die einzelnen Sinneskanäle sind: Visuell, Auditiv, Kinästhetisch, Olfaktorisch und Gustatorisch. Achte einmal kurz auf den Unterschied:

   a) „Das sieht gut aus!"
   b) „Das klingt interessant!"
   c) „Das fühlt sich ausgezeichnet an!"
   d) „Das stinkt bis zum Himmel!"
   e) „Da läuft mir das Wasser im Mund zusammen!"

Erkennst du die unterschiedliche Ausrichtung der einzelnen Sätze und den jeweils zugehörigen Sinneskanal? Achte einmal bei deinem Partner darauf, ob du erkennen kannst, welcher Sinneskanal im Gespräch dominiert. Probiere, diesen Kanal gezielt zu verwenden. Um das Erkennen zu erleichtern, findest du eine Liste mit weiteren Beispielen im Downloadbereich des Buches.

Versuche, dieselben Worte zu verwenden, die dein Partner verwendet. Es mag einen kleinen, aber feinen Unterschied machen, denn Spaß ist nicht gleich Fun ist nicht gleich Humor etc.

7. Verwende passende Metaphern, die es deinem Partner leichter machen, dich zu verstehen. Eine Fußballmetapher, ein Hinweis auf einen Kinofilm oder was auch immer passend sein kann – nutze es aus.

8. Vermeide Plattitüden, bei denen niemand wirklich verstehen kann, was gemeint ist: „Du solltest mich mehr lieben!" *Häh???* „Wenn Du mich respektieren würdest, dann wüsstest du, was ich meine!" *Was???* Je konkreter du sprichst, umso einfacher wird es deinem Gegenüber fallen, dich zu verstehen. Was bedeutet es für dich, mehr geliebt zu werden? Wie würdest du es merken? Wie würde sich dein Gegenüber verhalten? All das kannst du im Detail transportieren – und als Wunsch oder Bitte verpackt, hat es auch eine gute Chance, dass es angenommen wird.

9. Erwarte generell nicht, dass dein Gegenüber wissen sollte, was in dir vorgeht oder welche Gedanken du dir zu einem Thema schon gemacht hast. Gerade wenn unsere Gedanken in unserem Gehirn Karussell gefahren sind, unterliegen wir oft der Täuschung, dass unser Partner involviert war. War er aber leider nicht, und daher kann er diesen Gedankengängen auch nicht folgen. Sorry, aber alles, was dir wichtig ist, alles was in deinen Gedanken von Bedeutung ist, musst du auch deinem Partner erzählen, damit er folgen kann.

10. Übe! Nicht alles wird sofort gelingen. Es wird Rückschläge geben. Dein Partner ist nicht perfekt. Vielleicht bist du es auch nicht. Sei ein Padawan (Für alle Nicht-Star-Wars-Fans: Ein Padawan ist ein Jedi-Schüler, der von einem Jedi-Meister ausgebildet wird, um die „Macht" zu nutzen.) Übe und möge die Macht mit dir sein!

Wenn ihr nun also eure Dialoge führt, beachtet bitte die eben genannten Punkte.

An dieser Stelle möchte ich dich mit einer Abwandlung der obersten Direktive für Retrospektiven aus der agilen Welt bekannt machen – eine Grundhaltung, welche die erfolgreiche Kommunikation enorm erleichtert. Auch wenn wir das Thema Retrospektive erst später besprechen werden, passt es meiner Meinung nach auch hier sehr gut.

Geht, auch wenn es unglaublich schwerfallen kann, mit folgender Grundhaltung in jeden Dialog:

> Unabhängig davon, was wir entdecken werden, verstehen und glauben wir aufrichtig, dass in der gegebenen Situation, mit dem verfügbaren Wissen, den Ressourcen und individuellen Fähigkeiten unser Partner sein Bestes getan hat.

Die folgenden vier Ecken – Symbol, Gefühl, Bedürfnis und Anerkennung – werden idealerweise in jedem Dialog gestreift und ergründet.

5.12 Symbol - Gefühl - Bedürfnis - Anerkennung

Wenn es ums Verstehen geht, kommt eine weitere wichtige Komponente ins Spiel. Wir nehmen uns selten die Zeit beziehungsweise sind wir es oft auch gar nicht gewohnt, darüber zu sprechen, worum es uns tief im Inneren wirklich geht. Die richtige Frage ist also immer: *Was will oder braucht mein Partner eigentlich von mir, damit er sich wohlfühlen kann?* Und: *Was will oder brauche ich von meinem Partner, damit ich mich wohlfühlen kann?* Denn es ist ganz einfach:

| Nicht erfüllte Bedürfnisse | → | Negative Gefühle |
| Erfüllte Bedürfnisse | → | Positive Gefühle |

Leider ist es oft gar nicht so leicht herauszufinden, was unsere Bedürfnisse sind. Denn um die Bedürfnisse zu erkennen, müssen wir in die Tiefe graben.

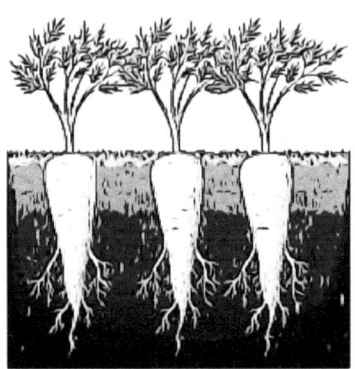

Ähnlich wie bei einer Karotte bleiben wir oft auf einer sichtbaren symbolischen Ebene stecken. Das ist das, was wir von außen sehen, so wie die Blätter der Karotte. Damit sind die Socken vor der Wäschekiste, das falsch sortierte Geschirr im Geschirrspüler oder das falsche Wort zur falschen Zeit gemeint. Und um diese „Symbole" streiten wir dann leidenschaftlich, geben dem anderen die Schuld, sehen unseren Weg als den einzig richtigen an, ziehen und zerren. Doch dahinter steckt meistens etwas ganz anderes.

Die umgebende Erde steht für unser Gefühl, das getriggert wird, wenn der vermeintliche Verstoß erkannt wird. Wir entdecken also ein Fehlverhalten und in uns wird etwas ausgelöst. Was das ist, kann sehr individuell sein. Oft hört man dann auch „Du machst aus einer Mücke einen Elefanten." Doch das stimmt so nicht. Auch wenn es für andere nur eine Mücke ist, so ist es für die betroffene Person ein Gefühl, das ihr zu schaffen macht. Es nagt an ihr und bringt ihren Gemütszustand in Schieflage. Es wurde ein ihr wichtiges Bedürfnis nicht erfüllt und daher kommen die negativen Gefühle.

Worum es uns also wirklich geht, ist wie die Karotte in der Erde vergraben. Es geht immer um unsere grundlegenden Bedürfnisse. Diese müssen idealerweise erfüllt werden, damit wir uns wohlfühlen. Wenn Grundbedürfnisse dauerhaft nicht erfüllt werden, so suchen sie sich oft einen anderen Weg, um sichtbar zu werden, wie beispielsweise Naschen, exzessiver Sport, unangemessenes Verhalten anderen Personen gegenüber.

Man darf sich keinesfalls davon ablenken lassen, was ein Mensch sagt oder tut, sondern sollte immer die richtige Frage parat haben, nämlich: „Was ist dein Bedürfnis?"

Ein kleiner wichtiger Zwischenschritt ist hierbei zu berücksichtigen: Viele Menschen tun sich schwer zu erkennen, welches Gefühl bei ihnen getriggert wird. Das kommt oft daher, das schon in der Kindheit Fühlen als Schwäche ausgelegt wurde: „Ein Indianer kennt keinen Schmerz!". Oder „Bis du heiratest, ist es wieder gut." Oder „Buben weinen nicht!"

Daher werden oft, wenn Menschen nach ihren Gefühlen gefragt werden, sogenannte Interpretationsgefühle vorgeschoben. Interpretationsgefühle sind jedoch keine Gefühle, sondern eine Interpretation beziehungsweise eine Beurteilung dessen, was der andere tut.

Ich fühle mich ausgenutzt, zurückgewiesen, nicht gesehen, unterdrückt, eingeengt usw.

Das wirkliche Gefühl, das bei uns ausgelöst wird, ist jedoch ein anderes: Wir sind traurig, angespannt, müde, unsicher, einsam, ärgerlich, wütend etc. Achte also darauf, ob es ein wirkliches Gefühl oder eine Interpretation ist.

Sehen wir uns das nochmals in der ganzen Kette an und betrachten wir als Beispiel die liegengelassenen Socken vor der Wäschekiste.

Das Symbol sind die Socken. Das Gefühl, das hier oft benannt wird, ist: *Ich fühle mich ausgenutzt, da ich die Socken wegräumen muss.* Das ist aber nur die

Interpretation. Das wirkliche Gefühl könnte sein: *Ich bin verärgert.* Mein Bedürfnis, und das ist das Wichtige, könnte sein: das Bedürfnis nach Ordnung oder das Bedürfnis nach Unterstützung.

Und genau hier können wir ansetzen. Die Lösung des Problems ist nämlich nicht, die Socken in die Wäschekiste zu räumen – das wäre nur ein wichtiger erster Schritt. Oft tritt das gleiche Symbol jedoch an anderer Stelle erneut auf.

Die Lösung beinhaltet zwei Komponenten. Einerseits die Frage: Was ist dir in Bezug zur Ordnung oder zur Unterstützung wichtig, damit du dich wohlfühlen kannst? Und andererseits auch die Berücksichtigung der Eigenkomponente. Nämlich die Selbstreflexion, warum diese Punkte eigentlich wichtig sind. Es würde zu weit gehen, hier in die Kindheit abzudriften, obgleich dort meist das Problem versteckt liegt. Ich kann aber im Hier und Jetzt überlegen, was mir wirklich wichtig ist und wo ich nachlassen könnte. Denn schließlich ist der Partner keine Bedürfniserfüllungsmaschine. Es geht um eine Balance zwischen Geben und Nehmen. Ich kann an einigen Stellen nachlassen und andererseits werde ich vom Partner auch etwas bekommen. So wird ein Gleichgewicht hergestellt und mein Bedürfnis gestillt.

Drei Punkte sind hier wichtig: Zum Ersten muss nicht nur der Partner dafür da sein, wichtige Bedürfnisse zu erfüllen. Dies können auch Freunde, Bekannte, Verwandte, Vereine sein. Zweitens und noch wichtiger – vor allem ich selbst bin dafür verantwortlich, auf meine Bedürfnisse zu achten und diese zu erfüllen. Das hat nichts mit Egoismus zu tun, sondern mit gesunder Selbstliebe. Und drittens – achte darauf, dass du dich nicht zu konkret in einer Strategie verlierst, wenn du dein Bedürfnis erkannt hast.

Was bedeutet das? Oft höre ich: „Ich möchte, dass mein Mann einmal mit mir zum Musical geht!" Dahinter steckt vielleicht das Bedürfnis nach Gemeinsamkeit. Dieses Bedürfnis kann jedoch auch mit 100 verschiedenen anderen Möglichkeiten befriedigt werden. Verbeiße dich also nicht in eine Option, sondern findet einen gemeinsamen Weg, das Bedürfnis so zu erfüllen, dass für beide ein Gewinn und Genuss entsteht.

Ich wiederhole an dieser Stelle nochmals, da dies ein ganz wichtiger Punkt ist: Lass dich nicht davon ablenken, was ein Mensch sagt oder tut, sondern überlege dir immer oder, noch besser, stelle die Frage: „Was ist dein Bedürfnis?"

Ein weiterer wichtiger Teil des Ganzen ist das Anerkennen. Anerkennen bedeutet nicht, dass du allem zustimmst, was dein Partner gesagt hat. Er hat nur eine sehr eingeschränkte Sicht auf ein Thema. Und bevor du feierst –deine eigene Sicht ist nicht weniger eingeschränkt.

Anerkennen bedeutet nur, dass du das, was dein Partner gesagt hat, hörst und vorurteilsfrei als seine derzeitige Sicht anerkennst. Eine Sicht, die in seinem Land Gültigkeit hat. Nicht mehr und nicht weniger. Trotzdem kann es eine unglaubliche Erleichterung für deinen Partner sein, dass er nicht abgewertet oder verurteilt wird für seine Sicht. Seine Sicht wird so stehengelassen, wie sie ist.

Eine Liste mit weiteren Beispielen für Gefühle und Bedürfnisse findest du im Downloadbereich des Buches.

5.13 Werkzeug: 5-Why-Methode

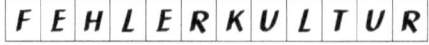

Eine weitere Methode, die uns helfen kann, uns selbst und unser Gegenüber besser zu verstehen, ist die 5-Why-Methode. Als Erfinder dieser Methode gilt Toyoda Sakichi. Wenn wir in unserer Beziehung ein Problem wahrnehmen, reagieren wir oft schnell mit Ratschlägen, Schuldzuweisungen oder Kritik. Dabei sind häufig Stellvertreterkämpfe zu beobachten.

Was ist ein Stellvertreterkampf? Dabei wird ein Problem vorgeschoben und heftig darüber diskutiert und gestritten. Doch dieses Problem hat in Wahrheit mit der Ursache nur sehr wenig zu tun. Oder glaubst du wirklich, dass es eine grundlegende Wichtigkeit im Universum gibt, dass Tassen im Geschirrspüler in der unteren und nicht in der oberen Reihe stehen sollten? Oder dass die vielbesprochenen Socken vor der Wäschekiste das große Beziehungsproblem Nummer eins sind? Selbst wenn diese Punkte behoben wären, würde das an der Beziehungsqualität wenig ändern. Ähnlich wie Unkraut im Garten würde an der gleichen oder einer anderen Stelle sofort wieder etwas auftauchen. Es reicht also nicht, das Unkraut oberflächlich auszureißen, sondern es muss mitsamt der

Wurzel gründlich entfernt werden. Und das ist schwierig, da man nicht weiß, wie fest oder wie tief die Wurzel in der Erde steckt.

Die 5-Why-Methode hilft uns, die Wurzel zu entdecken. Die Vorgehensweise scheint sehr einfach zu sein, und doch kommt man mit dieser Methode sehr gut in die Tiefe – sie ist daher unglaublich wirkungsvoll. Die Übung kann gleichermaßen zur Selbstreflexion wie auch gemeinsam mit dem Partner angewendet werden. Bei Beziehungen hat sich der Einfachheit halber bewährt, statt der 5 Whys alle „Ws" zu verwenden, also „Warum", „Was", „Wer", „Wie", „Wo" etc.

Wie funktioniert die Beziehungs-5-W-Methode?

Sie besteht aus vier Schritten, die du entweder alleine oder mit dem Partner durchführst:

Schritt 1: Zuerst wird das beobachtete Problem eingegrenzt. Dabei ist es wichtig, exakt zu bleiben und nicht zu interpretieren, zu bewerten oder zu urteilen.

- Was ist passiert? Also statt: Du wolltest mich provozieren, weil die Tasse oben im Geschirrspüler steht. → Die Tasse steht oben im Geschirrspüler.
- Wann habe ich das Problem beobachtet? Statt: immer → heute um 15 Uhr.
- Was hat das in mir ausgelöst? Ich bin sauer!

Schritt 2: Es folgt nun die Analyse. Dabei stellt man sich immer wieder eine „W-Frage", bis man bei der Wurzel des Problems angelangt ist. Mit jedem „W" dringt man tiefer in die Erde, bis schließlich das Unkraut an der Wurzel gepackt werden kann.

- Frage: „Warum stört mich, dass die Tasse oben im Geschirrspüler gestanden hat?"
  Antwort: „Weil ich schon oft gesagt habe, dass ich will, dass die Tasse unten steht!"

- Frage: „Was geht mir durch den Kopf, wenn ich das immer wieder sagen muss?"
  Antwort: „Ich empfinde es als sehr mühsam, da ich ohnehin genug zu tun habe!"
- Frage: „Wie fühle ich mich dabei?"
  Antwort: „In mir krampft sich alles zusammen, wenn ich daran denke und ich bin verzweifelt."
- Frage: „Warum bin ich verzweifelt?"
  Antwort: „Weil ich glaube, dass meine Arbeit und alles, was ich tue, nicht wertgeschätzt wird, wenn nicht mal so kleine Dinge respektiert werden!"
- Frage: „Was löst dieser Gedanke in mir aus?"
  Antwort: „Dass ich mich ungeliebt fühle, wenn ich keine Akzeptanz und Wertschätzung bekomme."

Und hier sind wir beim ersten eigentlichen Problem angelangt. Die kleine Tasse wurzelt in einem Gefühl der Nicht-Akzeptanz, Nicht-Wertschätzung und Nicht-Liebe.

Schritt 3: Wenn die Ursache gefunden ist, könnt ihr gemeinsam Wege überlegen, um das ursächliche Problem zu lösen. In diesem Fall könnten folgende Anhaltspunkte überlegt werden:

- *Ich fühle mich geliebt, wenn …*
- *Ich fühle mich wertgeschätzt, wenn …*
- *Ich fühle mich akzeptiert, wenn … (Ich empfinde meine Arbeit als akzeptiert, wenn …)*

Schritt 4: Ihr überlegt euch gemeinsam eine bis drei Maßnahmen, wie ihr in der nächsten Zeit, die bei Schritt 3 gefundenen Erkenntnisse verwenden könnt. Es ist immer wichtig, konkrete Schritte zu überlegen, um die Wirksamkeit der Methode beziehungsweise der Ursachenbehebung überprüfen zu können. Die

Vereinbarungen beziehen sich dabei jeweils auf die überlegten Maßnahmen und sollen überprüfbar sein:

- *In den nächsten zwei Wochen werde ich ...*
- *In der nächsten Woche werde ich dreimal ...*
- *In den nächsten vier Tagen werde ich jeweils ...*

<u>Tipp</u>: Bei den W-Fragen lohnt es sich, langsam und zielstrebig in die Tiefe zu fragen. Folgendes stufenartiges Schema hat sich dabei bewährt:

→ Was hast du beobachtet?

    → Was denkst du darüber?

        → Was fühlst du dabei?

            → Was löst das in dir aus?

                → Was würdest du stattdessen brauchen?

Wir kommen zu einem weiteren sehr mächtigen Werkzeug, das uns beim Verstehen und Verstandenwerden sehr hilfreich sein kann.

5.14 Werkzeug: Meta-Modell nach Milton

Im täglichen Sprachgebrauch haben sich viele Unreinheiten eingeschlichen, die es uns schwerer machen, andere zu verstehen. So sind jedoch Missverständnisse programmiert, da wir fehlende Inhalte im Gespräch durch unsere Annahmen anreichern. Diese Annahmen wiederum sind geprägt von unseren Werten, Erfahrungen, Vorlieben – wir verwenden unseren individuellen Rucksack. Ob es sinnvoll ist, unseren Rucksack dem Erleben unseres Gegenübers überzustülpen, ist aber mehr als fragwürdig. Eher gleicht es einem Gedankenlesen, und es ist kein Wunder, wenn sich unser Gegenüber unverstanden fühlt.

Wie ist das gemeint?

Stellen wir uns vor, jemand steht vor einer Prüfung an der Universität und sagt: „Ich habe Angst." Wenn in unserem Rucksack nun folgendes Muster gespeichert ist: „Prüfung → bedeutet Sprechen vor anderen Leuten → macht mir Angst!", dann wird das wohl unsere erste Annahme sein. Es gibt jedoch sehr viele andere Gründe, warum unser Gegenüber Angst vor der Prüfung haben kann. Möglicherweise besteht die Angst nur darin, zu spät zur Prüfung zu kommen. Möglicherweise besteht die Angst darin, dass unser Gegenüber einfach zu wenig gelernt hat. Möglicherweise hat unser Gegenüber Angst davor, dass die Eltern als

Konsequenz auf eine negative Prüfung die finanzielle Unterstützung einstellen. Möglicherweise hat unser Gegenüber Angst, dass die Professorin unfair prüft.

Wir sehen also, dass es oft gar nicht einfach ist, andere wirklich zu verstehen. Eine Möglichkeit dazu ist die aus der Raketenwissenschaft stammende A-S-K-Methode. Frag doch einfach nach! Ask!

Als Unterstützung hat sich das Metamodell bewährt. Milton Erickson war ein amerikanischer Psychiater, der die Hypnotherapie maßgeblich beeinflusst hat. Um bei anderen eine Trance herbeizuführen, nutzte er bestimmte, absichtlich unspezifisch gehaltene Sprachmuster. Eine ähnliche Sprache findet sich in Horoskopen wieder, die so vage sind, dass sie gleichzeitig für viele Menschen gültig sein könnten. Und auch wir verwenden oft eine Horoskop-Sprache. Oder was soll „Schau ma mal!" eigentlich bedeuten??? Beobachte einmal politische Diskussionen – dagegen sind Horoskope die Amateurklasse:

- „So kann es nicht weitergehen."
- „Wir werden nach vorne blicken."
- „Das war ein Schritt in die richtige Richtung."
- „Wir müssen eine zeitnahe Lösung finden."

Alles verstanden?

Das Metamodell ist diesbezüglich die Umkehrung. Es wird verwendet, um verlorene Informationen zu sammeln und die Welt des anderen detailliert verstehen zu können. Durch bewusstes Nachfragen ist ein Eintauchen in das Erleben des Gegenübers möglich. Nachfolgend findest du einige Beispiele, bei welchen Informationsverlusten nachfragen hilfreich sein kann:

1. **Falle 1:** Manchmal werden aus Verben oder Adjektiven Substantive gemacht. Das bemerkt man, wenn man das verwendete Hauptwort nicht in die Hand nehmen kann. Beispiel: „Meine Beziehung ist voller Frustration." → Es fehlt etwas Wichtiges, denn: Was genau frustriert dich?

2. **Falle 2:** Es werden Verben verwendet, die nur vage beschreiben, was wirklich passiert. Beispiel: „Er vernachlässigt mich." → Was bedeutet das? Immer? Was tut er genau?

3. **Falle 3:** Um die Informationen einordnen und vergleichen zu können, muss man nachfragen. Beispiel: „Dieser Weg ist weiter." → Weiter als was? Wie viel weiter?

4. **Falle 4:** Es fehlen wichtige Informationen. Beispiel: „Ich freue mich." → Worauf oder worüber freust du dich?

5. **Falle 5:** Es wird nur schwarz oder weiß gedacht. „Alle Männer sind Betrüger." → Wirklich alle?

6. **Falle 6:** Das sind Aussagen, die mit *nie, immer, alles* verbunden werden. Beispiel: „Nie möchtest du mit mir ausgehen." → Wirklich nie?

7. **Falle 7:** Es wird eine Aussage getätigt, die sich wie eine allgemeingültige Regel anhört. Es fehlt jedoch die Information, für wen sie wirklich gilt (oder ob sie überhaupt gilt). Beispiel: „Es ist falsch, Geheimnisse zu haben." → Für welche Fälle gilt das? Ist das wirklich immer so?

8. **Falle 8:** Es fehlt, worauf sich die Aussage bezieht. Beispiel: „Das macht man nicht in einer Beziehung." → Was genau macht man nicht in einer Beziehung?

9. **Falle 9:** Es wird etwas als gegeben, nötig oder unmöglich hingestellt, ohne dass dabei die Konsequenzen hinterfragt werden. Beispiel: „Wenn ich mit meiner Frau streite, muss ich laut werden." → Musst du das wirklich? Was würde passieren, wenn du nicht laut wirst?

10. **Falle 10:** Es wird etwas angenommen, ohne zu wissen, ob die andere Person wirklich so denkt oder fühlt. Beispiel: „Wenn du mich lieben würdest, wärst du aufmerksamer." → Woher weißt du das? Wie kommst du darauf, dass ich dich nicht liebe, weil ...?

11. **Falle 11:** Es wird ein äußerer Auslöser für einen inneren Zustand verantwortlich gemacht. Beispiel: „Du machst mich wütend." → Wie genau mache ich dich wütend? Wie könntest du anders reagieren? Oder auch: Wurdest du schon einmal nicht wütend, wenn ...?

12. **Falle 12:** Es wird etwas angenommen, das so nicht bewiesen werden kann. Beispiel: „Du bist genauso ein Betrüger wie dein Bruder." → Woher weißt du, dass mein Bruder ein Betrüger ist?

Wenn es um das Verstehen unseres Partners geht, dann lohnt es sich wirklich, zweimal oder sogar dreimal hinzuschauen. Je besser ich weiß, was hinter Äußerungen steckt, umso leichter lässt sich Abhilfe schaffen. Nichts ist schlimmer als gut gemeint, aber am Ziel vorbei. Annahmen, Gedankenlesen oder Interpretationen helfen nur sehr bedingt. Das Risiko, dass man damit falsch liegt, ist sehr groß. Viel einfacher ist es, gezielt nachzufragen, um mehr oder weniger Gewissheit zu erlangen. Mehr oder weniger deshalb, weil es vorkommen kann, dass nicht einmal der Partner eine exakte Antwort auf Fragen zu seinem Befinden hat. Trotzdem liege ich mit Nachfragen näher an der Realität als mit Interpretationen.

Ein wichtiger Hinweis noch: Das Nachfragen muss manchmal sehr sorgsam erfolgen, denn du bist nicht der Therapeut, sondern der Partner. Es lohnt sich oft der Zusatz: „Ich versuche ganz genau zu verstehen, worum es dir geht."

5.15 Werkzeug: die gleiche Sprache sprechen

Immer wieder höre ich folgende Sätze: „Ich weiß einfach nicht mehr weiter. Ich mache so viel in meiner Beziehung, aber alles ist zu wenig." Die Frage, die du dir stellen solltest: Sprichst du überhaupt die gleiche Sprache wie dein Partner? Hier kann uns das Buch von Gary Chapman „Die 5 Sprachen der Liebe" auf die Sprünge helfen. Chapman spricht davon, dass wir alle unterschiedliche Vorstellungen haben können, auf welche Aufmerksamkeiten wir in der Beziehung Wert legen. Und gerne gehen wir davon aus, dass unser Partner die gleichen Vorlieben hat wie wir selbst. So kommt es dazu, dass wir „tun und tun", aber nicht wirklich durchdringen, geschweige denn positive Effekte erzielen. Welche sind die fünf Sprachen der Liebe?

1. **Lob und Anerkennung:** Lob für Dinge, die in der Welt des Partners wichtig sind. Ermutigen, Dinge durchzuziehen, bei denen Angst oder Unsicherheit lauert. Anerkennen und schätzen, was der Partner in die Beziehung einbringt.

2. **Zweisamkeit:** Mit ungeteilter Zweisamkeit ist nicht die gleichzeitige Anwesenheit im selben Raum gemeint. Vielmehr ist es wichtig, Verbundenheit zu erzeugen. Ängsten, Wünschen und Träumen Aufmerksamkeit zu

schenken, Gedanken, Gefühlen und Sehnsüchten zu lauschen. Einfach präsent sein! All dies hilft, eine tiefe Verbindung herzustellen und einander emotional nahezukommen.

3. **Geschenke:** Dabei ist der materielle Wert des Geschenks zweitrangig. Vielmehr geht es um den Akt der Vorbereitung. Um für jemanden ein *passendes* Geschenk zu finden, bedarf es Zeit und manchmal Mühe, sich mit der Person und deren Wünschen auseinanderzusetzen. Was bereitet ihr Freude, was könnte ein glückliches Lächeln hervorrufen? Vielleicht ist Zeit das Geschenk – in einer schwierigen Phase einfach da zu sein. Das Geschenk an sich ist also „nur" ein sichtbares Zeichen der Liebe und ein Symbol dafür, dass man liebevoll an seinen Partner gedacht hat!

4. **Hilfsbereitschaft:** Der vierte Weg ins Herz unseres Partners führt über die aufmerksame Art, Dinge für ihn zu erledigen. Den Wagen in die Werkstatt bringen, Hemden bügeln, den Garten machen oder einen Anruf erledigen. Obwohl dies für manche Menschen Selbstverständlichkeiten sind, geht es hier darum, dem anderen in Form von Hilfsbereitschaft seine Liebe und Aufmerksamkeit zu zeigen. Dem anderen damit eine Freude zu machen und auch zu erkennen, welche Dinge ihm Erleichterung verschaffen. Ja, die Meisterklasse ist es, diese Dinge zu erkennen, ohne dazu aufgefordert zu werden.

5. **Zärtlichkeit:** Der letzte Weg, das Herz unseres Gegenübers zu berühren, sind Zärtlichkeiten. Eine Umarmung, kurze Berührungen im Vorbeigehen oder auch Sex. Manche Menschen haben es durchaus gern, in der Öffentlichkeit Verbindung zu zeigen. Das sind beispielsweise die Rolltreppen-Schmuser. Andere wiederum mögen dies vor allem still und in trauter Zweisamkeit. Menschen, die diese Sprache sprechen, brauchen Zärtlichkeit wie einen Tropfen Wasser. Für sie ist das eine Bestätigung, sich der Liebe ihres Gegenübers sicher zu fühlen. Eine Berührung ist für sie eine Botschaft der Liebe, und über diesen Weg wird Verbindung und Nähe aufgebaut.

Achte aufmerksam darauf, welche Sprache dein Partner mit dir spricht. Wenn du nicht sicher bist, welche die Lieblingssprache deines Partners ist, frag einfach nach, ob du mit deiner Vermutung richtig liegst. Und dann versuche, diese Sprache zu lernen. Du wirst sehen, es lohnt sich. Die Gefahr ist sonst groß, dass die Bemühungen, unsere Liebe zu zeigen, ins Leere laufen. Ganz anders hingegen, wenn wir den richtigen Schlüssel für das Schloss gefunden haben. Es ist schön zu sehen, wie das Gegenüber aufblüht – bei Kleinigkeiten, die für uns selbst nicht mal der Rede wert sind. Und mit Sicherheit merkt man dann auch schnell, dass man früher ganz einfach eine „falsche" Sprache gesprochen hat.

6 Klarheit

Klarheit und Transparenz sind wichtiger als Harmonie. Harmonie ist für viele Menschen ein wichtiger Bestandteil in einer Beziehung. Doch Harmonie kann trügen, denn manchmal wird sie teuer erkauft: Probleme verschweigen, wichtige Themen unter den Teppich kehren, die eigenen Bedürfnisse vernachlässigen. All das wird manchmal genutzt, um temporär oder dauerhaft Harmonie zu gewährleisten. Bis es dann zu einer großen Explosion und Überraschung kommt.

Dank Klarheit und Transparenz im Denken und Handeln weiß der Partner jederzeit, woran er ist. Es gibt Reibung, doch durch diese Reibung entsteht Wärme und Nähe. Die Beziehung ist kein Schauspiel, sondern echt. Und der Clou: Die entstehende Wärme und Nähe sorgen nicht für vorgetäuschte, sondern für echte Harmonie.

Klarheit geht mit Verstehen Hand in Hand. Klarheit heißt, meinen Partner zu sehen, so wie er ist. Ja, so wie er ist, und nicht so, wie ich glaube, dass er ist. Viele von euch werden jetzt einwenden: „Aber das tue ich doch. Schließlich sind wir seit x Jahren ein Paar und kennen uns beinahe in- und auswendig." Doch ist das wirklich so?

Da fällt mir die alte Geschichte mit der Semmel ein:

Ein Paar frühstückt jeden Morgen gemeinsam. Einen Tag bereitet die Frau das Frühstück zu, am nächsten ihr Mann. So geht das viele Jahre. Wenn er das Frühstück macht, legt er ihr die obere Seite der Semmel hin, wenn sie das Frühstück macht, nimmt sie sich die obere Seite. Der Mann hat immer die untere Seite und beide glauben, dem anderen damit entgegenzukommen. Eines Tages beginnt während des Frühstücks ein Streit, nicht wegen der Semmeln, aber es geht heiß zur Sache. Ein Wort ergibt das andere, bis die Frau schließlich wutentbrannt aufsteht und dem Mann ihre obere Hälfte der Semmel gegen den Kopf wirft. Da hält der Mann ganz erstaunt inne und sagt: „Ein Gutes hat unser Streit, nach zehn Jahren kann ich nun einmal die bessere Hälfte essen." Da beginnt die Frau zu lachen und sagt: „Ich hasse die obere Hälfte, doch ich dachte immer, dass du gerne die untere Hälfte isst!"

Das ist nur eine Geschichte, doch sehr oft denken wir auch in Wirklichkeit, den anderen zu kennen und zu wissen, was seine Vorlieben, Ängste, Einstellungen sind.

Doch ist das wirklich so?

Du wirst die Antwort schon ahnen. Es kommt darauf an. In mancherlei Hinsicht wissen wir einiges über unseren Partner, in anderer weniger. In einer VUCA-Welt ist es jedoch unerlässlich, Klarheit zu erlangen, um zufrieden durch die Beziehung gehen zu können. Klarheit in dem Sinn bedeutet nicht, wirklich alles zu wissen. Es genügt, wenn manche Menschen die Erfahrungen mit ihrem täglichen Stuhlgang auf Facebook und Instagram teilen – sie müssen das nicht auch noch mit ihrem Partner besprechen. Klarheit bedeutet, Interesse zu zeigen und über die essenziellen Punkte der Beziehung, aber auch über Themen außerhalb der Beziehung zu sprechen.

Weißt du eigentlich, woran dein Partner derzeit gerade arbeitet? Weißt du, was ihn aktuell beschäftigt? Weißt du, worüber er sich im Moment Sorgen macht oder was ihn belastet? Weißt du, was dein Partner gerne macht, welche

Wünsche er hat? Weißt du, welche Träume deine Partnerin hat, wie sie sich eine gemeinsame Zukunft vorstellt? Weißt du, welche Fantasien dein Partner hat und was er gerne im Bett einmal ausprobieren möchte? Weißt du, was er in seiner Jugend gern gemacht hat? Weißt du, welchen Spitznamen er früher hatte und warum? Weißt du, was sein Jugendtraum war?

Wenn du all diese Fragen mit Ja beantworten kannst, dann hast du die besten Voraussetzungen, um deine Beziehung zu einem Ort der Kraft und Sicherheit zu machen. Wenn du aber nicht sicher bist beziehungsweise jetzt ehrlich zugeben musst, dass du doch weniger weißt, als du dachtest, dann wird es Zeit, diesen Umstand zu ändern und Klarheit zu erlangen. Und obwohl es bei dem Punkt nur zu einem kleinen Teil um unsere Sexualität geht, hier noch ein kleiner Denkanstoß: Eine im Jahr 2014 von Pornhub veröffentlichte Liste zeigt die häufigsten Suchbegriffe. Es zeigen sich doch einigermaßen überraschende Unterschiede zwischen Männern und Frauen. Hier die Top- Suchbegriffe:

Frauen suchten nach	Männer suchten nach
Lesbian	Teen
Threesome	Milf
Squirt	Mom
Gangbang	Stepmom
Massage	Massage

Wenn du jetzt noch immer sagst: „Ach das ist ja nichts Neues, genau wie ich es erwartet habe. Das habe ich mit meinem Partner ohnehin schon alles besprochen.", dann gratuliere ich dir. Du musst in deiner Beziehung in punkto Klarheit kaum Änderungen herbeiführen. Möglicherweise hilft dir diese Statistik aber, dem Thema Klarheit jene Wichtigkeit zuzugestehen, die es haben sollte. Ach ja, vielleicht solltest du heute deinen Partner mit einer Massage überraschen, in diesem Punkt herrscht ja Einigkeit!

Scherz beiseite. Klarheit bedeutet klar sehen. Klar sehen hilft nicht nur beim Autofahren.

Wie aber kommt man nun zu Klarheit innerhalb der Beziehung?

Eines ist sicher, Klarheit und Offenheit lassen sich nicht von heute auf morgen erzeugen. Viel zu kompliziert scheint das Ganze. Generationen wurden erzogen mit der Auflage, sich nicht selbst zu loben, denn Eigenlob stinke. Viele haben in der Kindheit gelernt, dass sie nur akzeptiert werden, wenn sie sich anpassen. Viele von uns haben Angst, dass sie nicht geliebt werden, wenn sie sich zeigen, wie sie wirklich sind. Unsere ganze Sprache ist daher übersät mit Konjunktiven – würde, hätte, könnte – oder mit einem unpersönlichen „man". Wie oft hörst du den Satz: „Ja, da sollte man doch etwas tun!" statt „Ich werde hier etwas tun!" Oder: „Neben der Arbeit hat man halt keine Energie für Sport." statt „Nach der Arbeit habe ich einfach keine Lust mehr, mich auch noch zu bewegen." Ja, das klingt jetzt hart, aber Klarheit hat auch etwas mit Proaktivität und Selbstverantwortung zu tun. Ich bin für mich selbst verantwortlich. Ich kann entscheiden, was ich tue (weil es mir wichtig ist) und was ich nicht tue (weil es mir eben [derzeit noch] nicht wichtig genug ist). Ich bin auch für meine Beziehung verantwortlich. Ich kann mich als Opfer darstellen (*mein Partner ist schuld, provoziert mich, vernachlässigt mich* ...) oder ich kann der Schöpfer einer wundervollen Beziehung sein. Zweiteres ist sicher anstrengender und es gelingt nicht immer. Die Erfolgschancen sind jedoch um ein Vielfaches höher als bei der Opfervariante.

Wir streben danach, in der Beziehung hauptsächlich angenehme Erfahrungen zu machen. Angenehme Erfahrungen sind jene, die wir als angenehm bewerten. Und klarerweise versuchen wir, unangenehme Erfahrungen zu vermeiden. Gleiches versucht unser Partner. Wir überlegen also genau, was wir von uns preisgeben wollen, wie wir uns dem anderen zeigen wollen, um zu verhindern, negative Erfahrungen zu machen oder diese in unserem Partner auszulösen. Und unbewusst erwarten wir das gleiche Verhalten auch von unserem Partner.

Wenn wir klar kommunizieren und uns klar präsentieren, dann zeigen wir uns so, wie wir wirklich sind. Vielleicht egoistisch, vielleicht ängstlich, jedenfalls aber verletzlich. Doch ich habe die Erfahrung gemacht, dass es für eine Beziehung sehr hilfreich sein kann, wenn sich die Partner als Menschen mit Stärken und Schwächen begegnen und nicht wie zwei Schauspieler. Auch Wonderwoman und Superman haben ihre Schwächen.

Und noch etwas – Klarheit ist nicht einfach. Du wirst am Weg zur Klarheit, beim Zeigen deiner klaren Absichten auch das eine oder andere Mal auf ein Nein stoßen. Eine Grenze sehen, aber auch setzen. Und das ist gut so. Weder dein Partner noch du sollen sich verbiegen oder von Grund auf ändern. Doch wer klar denkt, spricht und handelt, kann leichter akzeptieren, wenn der Partner dies auch für sich beansprucht. So weißt du immer, woran du gerade bist und ihr könnt gleichberechtigt authentisch miteinander umgehen.

6.1 Werkzeug: Beziehung bedeutet für mich ...

Oft sitzen mir in meiner Praxis Paare gegenüber und sagen: „Wir finden einfach keinen gemeinsamen Nenner. Immer wieder die gleichen Diskussionen und es kommt nichts dabei raus. Im Gegenteil, es wird immer schlimmer."

Das ist für mich natürlich ein gefundenes Fressen. Meine Frage lautet dann immer: „Was genau erwartet ihr eigentlich von eurer Beziehung?"

Du denkst, das ist eine einfache Frage? Das ist ja wohl klar, was von einer Beziehung erwartet wird?

Doch genau das ist das Problem. Es ist eben nicht klar. Ganz im Gegenteil – unterschiedliche Erwartungen sind ein häufiger Grund für Konflikte und Missverständnisse.

Dabei ist die Abklärung dieser fundamentalen Basis für die Beziehung einer der wichtigsten Bereiche. Solange diese Klärung nicht stattgefunden hat, wird es immer wieder zu Problemen kommen.

Stell dir vor, du tankst mit bestem Wissen und Gewissen Diesel in ein Benzinauto. Es wird einfach nicht funktionieren.

Und genauso ist es in der Beziehung. Stell dir mal vor, deine wichtigsten Erwartungen an deine Beziehung sind Sicherheit, Stabilität und Nähe. Du bist der Ansicht, dass dies überaus wichtige Themen sind und „man das ja in einer Beziehung wohl erwarten darf"!

Und ich stimme dir zu. Es ist wichtig und man darf es erwarten. Doch ich bin nicht dein Partner. Unangenehm wird es, wenn dein Partner Spaß, Abenteuer und Freiheitsliebe als seine wichtigsten Themen definiert. Denn dann sind wir bei „der Schildkröte, die mit dem Wolf tanzt" angelangt.

Das bedeutet aber nicht, dass jetzt alles verloren ist. Das Schöne an der Sache: Die Schildkröte kann sehr wohl mit dem Wolf tanzen! Aber das wird nur funktionieren, wenn beide die gegenseitigen Erwartungen abgleichen und eine gemeinsame Basis und Rahmenbedingungen herstellen können.

In jeder Beziehung gibt es Raum für Gemeinsames und für Individuelles. Die Klarheit darüber macht den Unterschied.

Die folgende Übung erleichtert euch den Zugang zu dieser Thematik. Ich habe hierfür wieder eine Vorlage gebastelt:

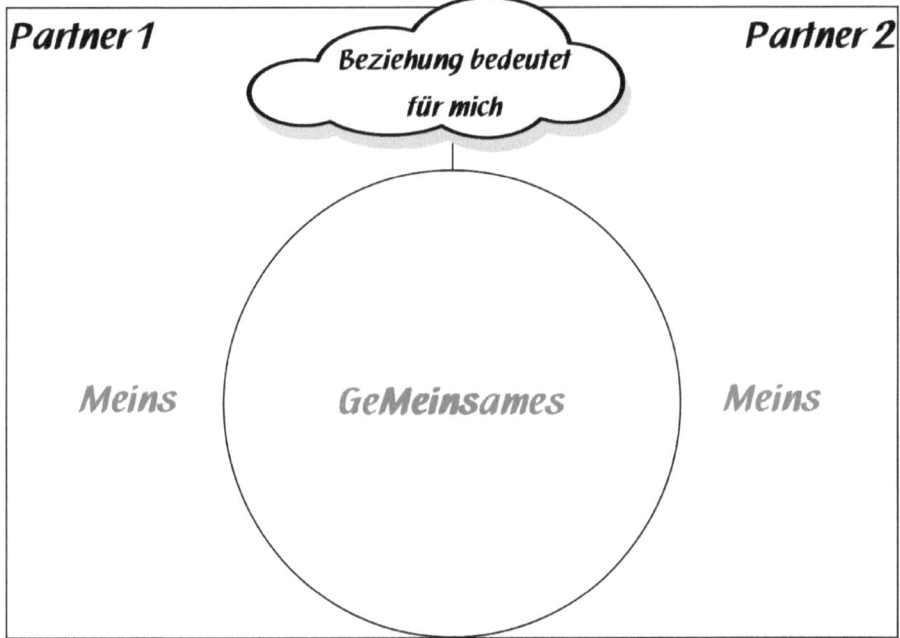

---

1. Jeder Partner überlegt für sich, was Beziehung in seiner Wahrnehmung bedeutet und was dabei wichtig ist. Schreibt jeweils auf Post-its passende Ergänzungen zu „Beziehung bedeutet für mich ...". Markiert auf jedem Post-it auch immer gleich die Wichtigkeit. Ihr könnt hierfür ein einfaches Zahlensystem verwenden: 1 bedeutet „Unglaublich wichtig", 5 bedeutet: „Auch wichtig". Sammelt alles, was euch einfällt.

2. Im zweiten Schritt lest ihr euch abwechselnd eure gefundenen Ergänzungen vor. Erklärt jeweils in kurzen Sätzen, was ihr darunter versteht beziehungsweise was dies für euch im täglichen Leben bedeutet. Nur so versteht der andere wirklich, was gemeint ist. Sollte dein Partner das gleiche Thema aufgeschrieben haben, dann kommen die Post-its in den

Kreis „GeMeinsames". Hat dein Partner kein gleichlautendes Post-it, dann kommt es auf deine Seite unter „Meins".

3. Danach ordnet ihr die Post-its nach Priorität. Die „Meins"-Themen könnt ihr einfach nach den gefundenen Zahlenwerten ordnen, oben die wichtigsten Themen. Die „GeMeinsames"-Themen werden folgendermaßen geordnet: In den Kreis oben kommen jene Themen, bei denen ihr eine ähnliche Bewertung vergeben habt. Ob jetzt 4 oder 5, spielt keine große Rolle. Im Kreis unten kommen die Themen, bei denen ihr größere Abweichungen hattet, beispielsweise 1 und 4.

4. Seht euch nochmals die Themen des Partners an und überlegt euch, ob ihr vielleicht noch etwas vergessen habt. Wenn das so ist, dann übernehmt dieses Thema mit eurer Bewertung in den „GeMeinsames"-Kreis.

Nun habt ihr alle Themen gesammelt, gruppiert und priorisiert. Ihr habt Klarheit hergestellt, was euch in der Beziehung wichtig ist und welche Erwartungen ihr habt.

Und ihr habt nun eine Sammlung an Themen oder vielleicht auch an Konfliktpunkten, die ihr mit den in der Folge vorgestellten Werkzeugen bearbeiten könnt. So könnte diese Sammlung beispielhaft aussehen:

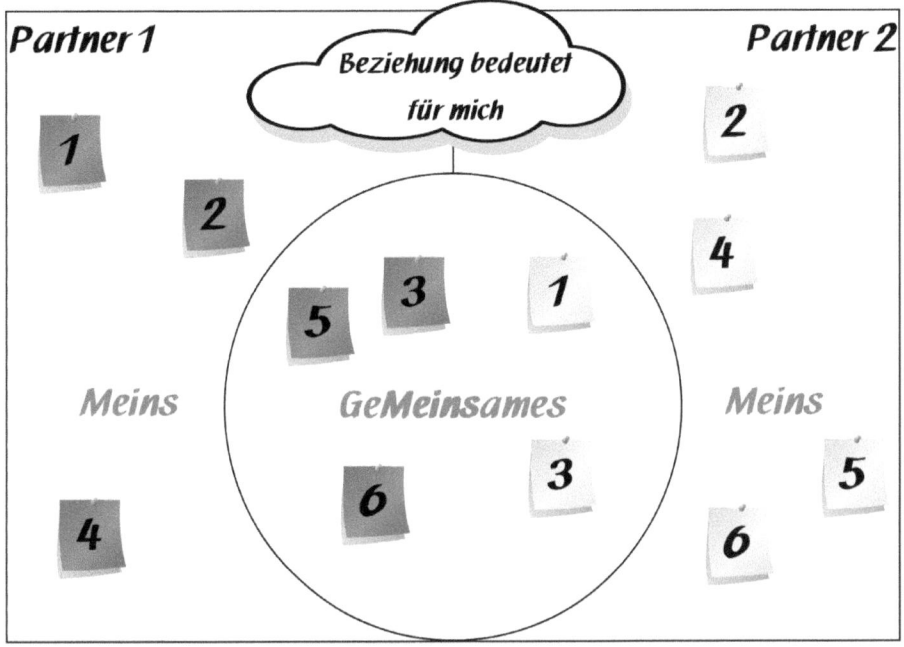

Vielleicht müsst ihr dabei einen Konflikt auflösen. Vielleicht müsst ihr wachsen und ein Thema, das für euch bis dato nicht so wichtig war, in euer Leben integrieren. Vielleicht wollt ihr auch eurem Partner zuliebe ein Thema aufnehmen. Und manche Bereiche bleiben einfach individuell wichtig.

Aus meiner Erfahrung weiß ich, dass sich gute Kombinationen ergeben, wenn erst einmal die Erwartungen abgeglichen sind. Sicherheit und Abenteuer beispielsweise schließen einander nicht aus, sondern können eine gute Ergänzung sein und für Abwechslung in der Partnerschaft sorgen.

Nicht die Unterschiede sind das Problem, sondern nur die Unkenntnis darüber. Und diese habt ihr nun beseitigt.

6.2 Werkzeug: Sag die Wahrheit

D I R E K T E   K O M M U N I K A T I O N

Folgende Übung ist ein möglicher Weg, um sich diesem Thema zu nähern und nach und nach klarer zu sehen. Eines vorweg: Nicht alles, was du hörst, wird dir gefallen. Nicht alles, was du hörst, musst du auch für dich als richtig und wahr übernehmen. Nicht alles, was du hörst, wird einen positiven Beitrag zu eurer Beziehung leisten. Aber, und das ist wichtig: Alles, was du hörst, ist bereits jetzt Bestandteil eurer Beziehung, derzeit allerdings gut versteckt. Wenn sich diese Themen aus dem Schatten hervorwagen, könnt ihr ganz anders damit umgehen. Alles was auf dem Tisch liegt, kann auch bearbeitet werden. Und alles, was bearbeitet werden kann, sorgt für klare Verhältnisse.

Tipp: Führe diese Übung nicht durch, wenn du aktuell in einer eher aufgeladenen Beziehungssituation bist. In diesem Fall arbeitet zuerst daran, eine grundsätzliche Basis an Vertrauen und Mindset herzustellen!

Diese Übung ist äußerst wirkungsvoll. Auch wenn sie nicht immer angenehm ist, hat sie das Potenzial, Beziehungen auf eine neue und bewusste Ebene zu heben.

Sie dient neben dem Erlangen von Klarheit auch dazu, sich so zu zeigen, wie man wirklich ist, und so sich selbst, aber auch seinen Partner neu kennenzulernen.

Was ihr braucht, sind 45 Minuten ungestörte Zeit, zwei Sessel und die Bereitschaft, euch auf eine neue Erfahrung einzulassen.

Setzt euch einander gegenüber, damit ihr euch geradewegs in die Augen blicken könnt. Der Augenkontakt ist wichtig, um in Verbindung mit eurem Gegenüber zu bleiben. Wie nahe oder weit voneinander entfernt ihr sitzt, ist nebensächlich. Ihr könnt so nahe sitzen, dass ihr euch berühren könnt, aber auch einen größeren Abstand einnehmen, ganz wie es sich für euch beide gut anfühlt.

Die Übung hat ganz klare Regeln. Es gibt immer nur einen Sprecher und einen Zuhörer. Keine Sorge, jeder von euch kommt in beiden Rollen dran.

Zuerst die Rolle des Zuhörers:

Diese kann anstrengend, aufwühlend, interessant, neuartig sein. Es geht darum, die Brücke zwischen zwei benachbarten Ländern zu bauen. Diese Brücke beruht auf Vertrauen und Sicherheit. Bitte halte dich an deine Rolle als Zuhörer, auch wenn dir nicht gefällt, was du hörst. Du musst dich weder verteidigen noch rechtfertigen. Du musst das Gehörte nicht als wahr und richtig akzeptieren. Es ist nur eine mögliche Sicht auf die Welt. Nicht deine, sondern die Sicht deines Partners, genährt mit den Inhalten seines persönlichen Rucksacks. Auch wenn du manche Dinge nicht gerne hörst – vielleicht findest du sie sogar unfair oder verletzend – jetzt ist nicht der Zeitpunkt, darauf einzugehen. Jetzt ist der Zeitpunkt, dein benachbartes Land vertrauensvoll kennenzulernen. Betrachte das als Geschenk!

Als Zuhörer wiederhole jeweils das, was du von deinem Partner gehört hast. Du kannst entweder wörtlich wiederholen oder sinngemäß mit deinen eigenen Worten (siehe Beispiel am Ende der Übung). Das ist ein wichtiger Teil der Übung.

Wieso?

Im Normalfall sind wir viel mit uns selbst beschäftigt. Während unser Gegenüber spricht, überlegen wir uns in Gedanken oft schon, was wir antworten werden, sobald wir an der Reihe sind. Bei dieser Übung geht es jedoch darum, dem Partner ungeteilte Aufmerksamkeit zu schenken.

Die Rolle des Sprechers:

Als Sprecher liegt es andererseits an dir, dich deinem Partner so zu zeigen, wie du bist. Du kannst alles aussprechen, was dir im Moment wichtig ist. Halte nichts zurück. Äußere auch Kritik, Sorgen, Ängste. Erzähle über deine Arbeit, deine Wünsche, deine Träume. Sag deinem Partner, was dir gefällt oder was du gerne mit ihm erleben würdest. Es gibt nichts, was hier keinen Platz hat. Du musst auch nichts beschönigen, verniedlichen oder verschleiern. Sprich alles geradewegs aus. Wenn dir im Moment nichts einfällt, schweige eine Zeitlang. Dann sprich weiter.

Mögliche Satzanfänge sind:

- Was mich unglaublich stört …
- Was mich derzeit beschäftigt …
- Worüber ich mir gerade Sorgen mache …
- Was ich mir (von dir) wünsche …
- Es kotzt mich an, dass …
- Was ich gerne beim Sex ausprobieren möchte …
- Was ich unglaublich an dir schätze …
- Worum ich dich bitten möchte …

Der Zuhörer beendet die Runde mit dem Satz: „Danke, dass du mir das erzählt hast."

Als Sprecher hast du 15 Minuten Zeit. Danach ist für 15 Minuten dein Partner an der Reihe. Diese 15 Minuten sind jedoch nicht dazu da, um über das eben

Gehörte zu diskutieren, sondern dein Partner soll sich als Sprecher in gleicher Weise öffnen und du hörst ihm zu. Im Anschluss kann, wenn notwendig, eine Verlängerung um 2 x 5 Minuten erfolgen.

Beispiel für die Durchführung:

Thomas und Rita führen gemeinsam die Übung durch. Thomas hat zuerst die Rolle als Sprecher, Rita hört zu.

- Thomas: „Was mir unglaublich an dir gefällt, ist, wenn du mir von der Arbeit erzählst."
- Rita: „Was dir an mir gefällt, ist, wenn ich dir von der Arbeit erzähle."
- Thomas: „Was mich derzeit beschäftigt, ist, dass wir oft wegen Kleinigkeiten streiten."
- Rita: „Was dich beschäftigt, ist, dass wir oft wegen Kleinigkeiten streiten. Bitte erzähl mir mehr darüber."
- Thomas: „Erst vorgestern war ich eigentlich gut gelaunt, dann hast du mir vorgeworfen, dass ich mein Hemd nicht weggeräumt habe. Das kotzt mich einfach an. Ich arbeite den ganzen Tag schwer und wenn ich eine Kleinigkeit vergesse, dann kann das ja vorkommen."
- Rita: „Vorgestern habe ich dir vorgeworfen, dass du dein Hemd nicht weggeräumt hast. Du arbeitest schwer, das kann vorkommen."
- Thomas: „Es stört mich, wenn du bei Freunden immer so abwertend über meinen Beruf sprichst. Ich bin gerne Techniker."
- Rita: „Es stört dich, wenn ich abwertend über deinen Beruf spreche, du bist gerne Techniker."
- Thomas: „Ja, vor allem vor unseren Freunden."
- Rita: „Es stört dich vor allem, wenn ich das vor unseren Freunden mache."
- ...
- Rita: „Danke, dass du mir das erzählt hast."

Nun ist Rita für 15 Minuten dran. Danach folgten, wenn nötig, 2 mal 5 Minuten Verlängerung in der gleichen Art und Weise.

Einige Hinweise für die Durchführung der Übung:

- Es ist ganz normal, wenn dir zunächst wenig oder nichts einfällt, denn diese Übung kann eine neue Erfahrung sein, die etwas Zeit benötigt.
- Die Rolle des Zuhörers kann sehr schwierig werden. Dein Gegenüber wird früher oder später deine wunden Punkte drücken. Und das kann wehtun. Bis zu einem gewissen Grad ist das aber Sinn der Übung. Nimm es als Geschenk für dein persönliches Wachstum. Schnaufe nicht ärgerlich. Wende dich möglichst nicht ab, sondern halte den Augenkontakt und somit die liebevolle Verbindung aufrecht. Nimm einen tiefen Atemzug und denke daran: Das ist nicht deine Sicht, nicht deine Wahrheit, sondern das subjektive Empfinden deines Gegenübers. Und in den allermeisten Fällen soll das Gesagte nicht provozieren, sondern betrifft wirklich eine innere Wahrnehmung, so seltsam, verletzend oder gar unwahr dir das vorkommen mag. Mach dir auch bewusst, dass alles, was kommt, schon da war. Wenn es aber ausgesprochen ist, könnt ihr damit in der Beziehung arbeiten.
- Nehmt euch wirklich ungestörte Zeit, in der ihr aufmerksam sein könnt. Es hat auch keinen Sinn, diese Übung durchzuführen, wenn ihr müde, gereizt oder gar zerstritten seid.
- Nehmt euch vor, auszuhalten, egal was kommt. Auch wenn es schwer ist.
- Halte dich als Sprecher nicht zurück und wähle jene Worte, die dir in den Sinn kommen. Es bringt nichts, bei dieser Übung die Wahrheit zu verbiegen. Es geht um Klarheit. Wenn du glaubst, es ist immer so, alles so oder nie so, dann sag das auch. Auch wenn wir wissen, dass es selten ein Immer, Alles oder Nie gibt! Das ist das einzige Werkzeug, bei dem wir vom bisher Gelernten abweichen. Es geht nicht um eine geschönte Form der Kommunikation, sondern um das subjektive Empfinden des Sprechers.

Wenn dich etwas unglaublich stört und ärgert, dann sag das auch. Wenn eure Beziehung eine vertrauensvolle Basis hat, dann wird die Wahrheit, Schritt für Schritt gesagt, die Beziehung stärken und widerstandsfähiger machen.

- Versuche als Zuhörer, deinem Gegenüber ein Maximum an Sicherheit zu geben. Kein Streit, kein Rechtfertigen, kein Verteidigen, kein Abbrechen.

- Es kann vorkommen, dass du dich nach dieser Übung schlechter fühlst. Versuche, in dich hineinzuhören, was das Gesagte mit dir gemacht hat. Welche wunden Punkte wurden berührt? Was hat das mit dir zu tun? Was hat das mit deinem Partner zu tun? Was hat es mit deiner Vergangenheit zu tun? Lass es nachwirken und versuche, es auszuhalten. Denk daran: Persönliches Wachstum geschieht außerhalb der Komfortzone. Und wenn du Schmerzen spürst, kannst du sicher sein, dass du deine Komfortzone verlassen hast.

- Bemühe dich, außerhalb der Übungen positiv und wertschätzend mit deinem Partner zu kommunizieren. Unterlasse idealerweise jede Kritik, jede Abwertung und jede Geringschätzung.

Ihr seid jetzt am Beginn einer neuen und wunderbaren Reise, einer Reise der Wahrheit, des Vertrauens und der gegenseitigen Wertschätzung. Und am Ziel dieser Reise warten Liebe, Respekt und eine bewusst geführte Beziehung!

Wir kommen zum nächsten Werkzeug, das uns auf der Suche nach Klarheit weiterhelfen kann.

6.3 Werkzeug: Balance finden

```
V   
E   H
R   A
Ä   L
N   T
D   U
E   N
R   G
U   
N   
G   
```

Beziehungen funktionieren in der Regel dann am besten, wenn eine gefühlte Balance gegeben ist. Dabei muss nicht jeder Bereich für sich ausgeglichen sein. Beispielsweise kann ein Partner mehr im Haushalt arbeiten, wenn der andere dafür mehr mit den Kindern unternimmt. In Summe sollte aber ein individuelles Gleichgewicht vorherrschen, da auf Dauer eine Dysbalance negative Auswirkungen haben kann. Wir haben hierzu schon das Werkzeug der emotionalen Thermometer kennengelernt. Ich möchte dir zwei weitere Werkzeuge vorstellen, die dir in Bezug zur Beziehungsbalance eine Hilfestellung bieten.

Das erste Werkzeug ist der Prozentometer. Er hilft dir, jene Bereiche transparent zu machen, in denen eine individuelle Aufteilung zwischen euch herrschen sollte. Welche Bereiche für dich wichtig sind, bleibt ganz dir überlassen. Beispiele: Wäsche waschen, Kinder betreuen, Einkaufen gehen, um Bankgeschäfte kümmern, wer beim Sex beginnt, wer kocht etc. Überlege dir jene Bereiche in deiner Beziehung, die du dir ansehen willst. Du kannst dabei einen Bereich isoliert betrachten. Die meisten Beziehungen sind aber komplex, sodass es sich lohnt, mehrere Bereiche gleichzeitig im Blick zu haben, denn vielleicht wird ein gefühltes Ungleichgewicht durch einen anderen Bereich entlastet.

1. Überlege dir mit deinem Partner jene Bereiche, die ihr euch konkret ansehen wollt.
2. Danach malt bitte die Kreise aus, und zwar je nach gefühlter prozentueller Aufteilung. Jeder Partner nimmt sich ein eigenes Arbeitsblatt. Ihr findet diese im Downloadbereich des Buches.
3. Danach vergleicht eure jeweils eingetragenen Werte.
4. Wenn gefühlte Unterschiede auftauchen, besprecht diese in wertschätzender Dialogform, um ein gemeinsames Bild zu erzeugen.
5. Nehmt nun ein neues Arbeitsblatt. Überlegt euch gemeinsam, welche Bereiche eine Anpassung nötig haben und zeichnet die gewünschte Aufteilung ein.
6. Überlegt euch gemeinsam Initiativen, wie ihr der gewünschten Aufteilung Schritt für Schritt näherkommen könnt.

Das folgende Beispiel illustriert diesen Vorgang:

Helga zeichnet folgendes Bild (Dunkelgrau ist Helga, Hellgrau ist Max)

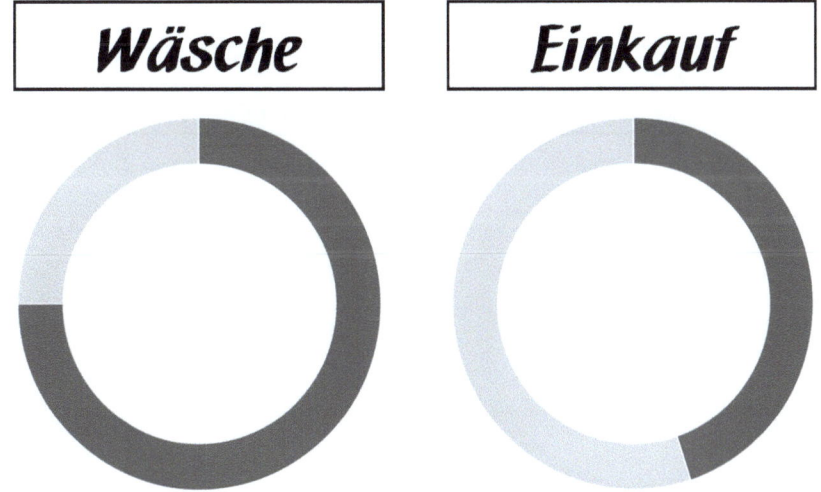

Und das ist die Zeichnung von Max.

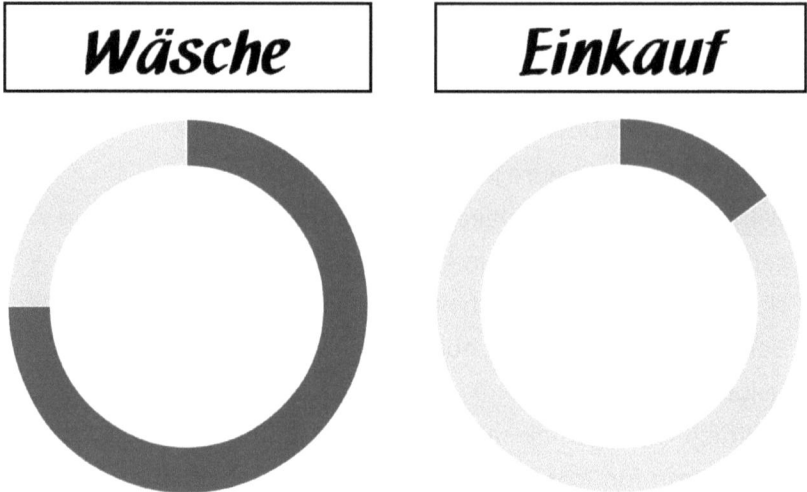

Sie einigen sich nach dem Abwägen einiger Möglichkeiten auf ein gemeinsames Wunschbild. Dieses sieht folgendermaßen aus:

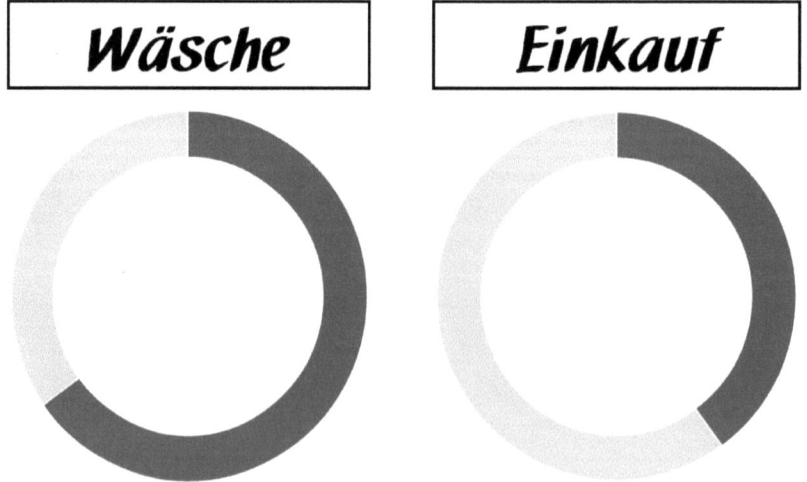

Max wird zukünftig das Waschen der Sportwäsche übernehmen. Da sie beide oft gemeinsam Sport machen, ist das für Helga eine spürbare Entlastung. Helga geht dafür freitags einkaufen, da sie früher Arbeitsschluss hat. Das wollen sie die nächsten vier Wochen ausprobieren und danach entscheiden, ob diese Aufteilung für sie passend ist.

Dieses Werkzeug eignet sich hervorragend, um die Rollen innerhalb der Beziehung und auch die daran geknüpften Erwartungen zu klären. Es geht vor allem darum, ein individuell passendes Gleichgewicht herzustellen. Da nicht jede Beziehung, nicht jede Erwartung gleich ist, kann dies auch nur innerhalb der Beziehung individuell geklärt werden.

6.4 Werkzeug: das Beziehungskonto

Eine weitere Möglichkeit, einen Blick auf die Balance in eurer Beziehung zu werfen, ist das von John Gottman beschriebene Beziehungskonto. So banal es klingen mag, beschreibt er dieses wie ein normales Konto auf der Bank. Einzahlungen erhöhen den Kontostand, Abhebungen verringern den Kontostand oder lassen ihn ins Minus rutschen. Ist das Konto im Minus, dann hat dies gravierende Nachteile, denn das bedeutet in den allermeisten Fällen, es hängen dunkle Wolken über der Beziehung. Das belastet das Vertrauen und führt zu negativ gefärbter Kommunikation. In so einer Lage ist es umso schwieriger, Veränderungen herbeizuführen, um die Beziehung wieder in ruhige Gewässer zu führen.

Ein guter Gedanke ist natürlich, viel einzuzahlen und zu sparen. Und das ist tatsächlich auch des Rätsels Lösung. Bitte lege kurz das Buch beiseite und überlege dir: *In welcher Beziehung könnte im Moment eine größere Einzahlung von dir nötig sein? In der Beziehung zu deinem Partner? Zu deinen Eltern? Zu deinen Kindern?* Sei ehrlich zu dir selbst und erledige das so schnell wie möglich.

Einen Moment noch – jetzt hätte ich dir fast einige Besonderheiten verschwiegen, die du noch wissen solltest. Sozusagen die allgemeinen Geschäftsbedingungen für das Konto. Wenn du diese als unfair empfindest und dir denkst: *Wenn das so ist, dann suche ich mir eine andere Bank!* – tja, dann hast du Pech gehabt. Weltweit sind diese Bedingungen einheitlich geregelt und nicht verhandelbar.

Es sind nämlich folgende Besonderheiten zu berücksichtigen:

1. Wenn du bei deinem Bankkonto 10 Euro einzahlst und dann 10 Euro abhebst, dann ist der Kontostand ausgeglichen: 0 Euro:

Einzahlung	10,–
Abhebung	10,–
Kontostand	0,–

Beim Beziehungskonto ist es anders. Wenn du 10 Euro einzahlst und dann 10 Euro abhebst, ist der Kontostand -40 Euro:

Einzahlung	10,–
Abhebung	10,–
Kontostand	-40,–

Diese Rechnung wurde als sogenannte Gottman-Konstante bekannt. Sie besagt, dass in Beziehungen das Verhältnis von positivem zu negativem Verhalten mindestens 5:1 betragen muss. Salopp gesagt, für einen Blödsinn, den man sich leistet und der als Abhebung gesehen wird, braucht es fünf wiedergutmachende Einzahlungen, um wieder auf dem gleichen Stand zu sein.

2. Nun könntest du natürlich sagen: „Kein Problem. Meine Partnerin mag Blumen. Fünfmal Blumen und gut ist's." Schon sind wir bei der zweiten Besonderheit angelangt. Eine Einzahlung ist nicht immer gleich viel wert. Angenommen *Blumen mitbringen* ist 10 Euro wert, dann zählt das nur für heute. Wenn du morgen wieder Blumen mitbringst, dann ist der Wert rapide gefallen, vielleicht noch maximal bei 4 Euro. Und am dritten Tag werden die Blumen zur Normalität, sie sind gar nichts mehr wert. Es gibt sogar Fälle, bei denen die Blumen dann sogar als Abhebung betrachtet werden. Gepaart mit der gedanklichen Anklage *Pfff, wie einfallslos!* wird eine stille Abhebung durchgeführt. Ja das ist nicht fair, aber wie schon gesagt, nicht verhandelbar.

Heute	10,–
Morgen	4,–
Übermorgen	0,–

3. Die dritte Besonderheit ist die Kontoführungsgebühr. Diese hast du wahrscheinlich auch bei deiner aktuellen Bank. Beim Beziehungskonto aber wird dein Kontostand täglich weniger. Ja, leider haben Beziehungen die grundsätzliche Tendenz, schlechter zu werden, wenn es nicht zu

laufenden Einzahlungen kommt. Das bedeutet im Umkehrschluss: Beziehungen sind tatsächlich Arbeit. Einfach laufen lassen funktioniert nicht. Konstante Einzahlungen hingegen werden belohnt. Die fatale Auswirkung siehst du in der folgenden Grafik:

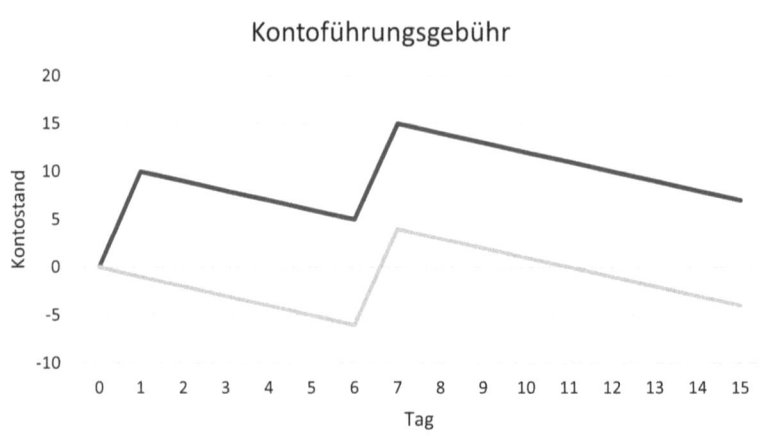

Das erste Konto ist immer im Plus. Am 1. und 7. Tag erfolgt eine Einzahlung → Beziehung in Ordnung.

Das zweite Konto ist schwankender und mehrheitlich im Minus. Nur am 7. Tag erfolgt eine Einzahlung. Einem kurzen Hoch folgt jedoch bald wieder der Absturz ins Minus → Beziehung ist nicht in Ordnung. Lass also deine Beziehung nicht nur laufen, sondern sorge aktiv für laufende Einzahlungen und einen positiven Kontostand.

4. Wenn ich Geld zu meiner Bank bringe, dann werden dort verschiedene Münzen und verschiedene Scheine akzeptiert. Bei der Beziehung ist das jedoch anders. Hier entscheidet der Kassierer, mehr oder weniger willkürlich, was als Einzahlung gilt oder auch nicht. Wir haben dies in ähnlicher Form schon bei den fünf Sprachen der Liebe kennengelernt. Eine Einzahlung ist also nicht, was du glaubst, sondern nur das, was dein Partner auch tatsächlich akzeptiert. Ein Blumenstrauß könnte also eine

Einzahlung sein. Wenn dein Partner aber keine Schnittblumen mag, dann ist das auch keine Einzahlung. Es lohnt sich, jenes Wissen, das du aus den Kapiteln Verstehen (Kapitel 5) und Klarheit (Kapitel 6) generiert hast, zu verwenden. Behandle deinen Partner nicht so, wie du behandelt werden möchtest, sondern behandle deinen Partner so, wie er behandelt werden möchte.

Was könnten nun passende Einzahlungen sein? Das ist natürlich schwer zu beantworten, da es wie gesagt sehr individuell ist. Es gibt jedoch einige kleine Anhaltspunkte, welche Qualitäten mehrheitlich als Einzahlungen gesehen werden:

- Als große Einzahlung wird oft die Bemühung gesehen, sein Gegenüber wirklich zu verstehen. Seine Welt zu besuchen und zu mitzuerleben, was tief in ihm vorgeht.
- Regelmäßige kleine nette Gesten oder aufmunternde Worte zur rechten Zeit sind oft mehr wert als ein großes Geschenk.
- Das Einhalten von Verpflichtungen, Vereinbarungen und Versprechungen, auch wenn es vielleicht nur um Kleinigkeiten geht, ist vielen Menschen sehr wichtig.
- Zeige persönliche Integrität. Was bedeutet das? Wenn unser Partner merkt, dass irgendetwas faul ist, läuten bei ihm schnell die Alarmglocken. Persönliche Integrität bedeutet in diesem Sinne, dass unser Denken und Handeln im Einklang sind. Das, was wir sagen, tun wir auch. Das erzeugt Vertrauen und Respekt und stärkt somit die Basis der Beziehung.
- Wenn du eine Abhebung durchgeführt hast, kann auch eine ehrlich gemeinte Entschuldigung helfen. Diese kann die Höhe der Abbuchung entscheidend beeinflussen.
- Wesentlich ist auch, dass deine Einzahlungen nicht an Bedingungen geknüpft sind. Dies wird häufig erkannt und verhält sich wie Falschgeld. Es erzeugt sofortiges Misstrauen und wird nicht akzeptiert. Bedingungslose

Einzahlungen hingegen sorgen in den meisten Fällen dafür, dass sich unser Gegenüber geachtet und geschätzt fühlt. Und mehr noch, wir motivieren unseren Partner, es uns nachzumachen und dies sorgt dafür, dass wir uns in eine Aufwärtsspirale hinein bewegen, die unsere Beziehung ungemein stärkt.

- Aus meiner Sicht gibt es noch eine weitere wichtige Möglichkeit der Einzahlung. Obwohl dies eine sehr persönliche Ansicht ist, möchte ich sie dir nicht verschweigen. Ob du damit etwas anfangen kannst, bleibt dir selbst überlassen:

  Lasse deinen Partner so sein, wie er ist. Versuche nicht zu bewerten oder zu richten. Versuche nicht zu erziehen. Gehe sparsam mit Kritik um. Denn wer andere kritisiert, ist meist mit sich selbst nicht im Reinen. Ja, er ist nicht perfekt. So what? Er ist gut, so wie er ist.

6.5 Werkzeug: Ball der Klarheit

An dieser Stelle kommt noch ein Miniwerkzeug ins Spiel, das aber sehr gute Dienste leisten kann. Wir alle haben unseren persönlichen Wortschatz, der von unseren Erfahrungen geprägt ist. Manchmal kommt es vor, dass wir etwas meinen, unser Partner aber etwas komplett anderes versteht. Wir haben das schon beim Verstehen angesprochen – erinnerst du dich an die Geschichte mit dem entspannten Abend?

Der Ball der Klarheit kann helfen, wenn du das Gefühl hast, ihr habt zu einem Thema unterschiedliche Vorstellungen.

Und so funktioniert es:

Nehmt euch einen kleinen Ball und setzt euch einander gegenüber. Alternativ könnt ihr auch einen zusammengerollten Socken verwenden. Vielleicht findet sich ja einer, der den Weg in die Wäschekiste nicht geschafft hat, dann gibt es dafür wenigstens gleich eine praktische Verwendung. Dann beginnt auszusprechen, was das gewählte Thema für euch bedeutet. Du sagst also beispielsweise: „Ein entspannter Abend bedeutet für mich, ihn zu Hause vor dem Fernseher zu verbringen." Dann wirf den Ball zu deinem Partner, der seinerseits sagt: „Ein entspannter Abend ist für mich mit einem guten Essen verbunden." Dann bekommst du wieder den Ball und sagst: „Ein entspannter Abend ist für mich ..."

Das macht ihr so lange, bis euch die Ideen ausgehen. Es geht nicht darum, den anderen zu überzeugen, sondern alles auf den Tisch zu bringen, was dieses Thema hergibt. So wird euch beiden klar, welche Vorstellung euer Gegenüber hat, und das hilft ungemein, nicht aneinander vorbeizureden. Wenn es also das nächste Mal um einen entspannten Abend geht, könnt ihr genau erklären, in welcher Form dieser Abend gestaltet werden sollte, je nachdem, wonach euch beiden ist.

Tipp: Ihr könnt den Ball der Klarheit bei unterschiedlichen Möglichkeiten einbauen. Eine Variante kann sein, ihn bei der Lösungsfindung zu einem Problem einzusetzen. Werft euch den Ball zu und bringt abwechselnd Lösungsvorschläge, so abstrakt oder überraschend sie auch sein mögen. Je mehr ihr sammelt, desto einfacher wird es für euch, etwas Passendes zu finden.

6.6 Werkzeug: Liebesbooster

Bewusste Liebe ist etwas anderes als Verliebtheit. In langen Beziehungen ist es ganz automatisch so, dass wir nicht ständig hormongetränkt beieinanderhängen, uns bewundern und die Finger nicht voneinander lassen können.

Bewusste Liebe bedeutet, zumindest für mich, *angekommen zu sein*. Eine Person gefunden zu haben, bei der ich das Gefühl habe, mit ihr alt werden zu wollen. Bei aller Individualität zu denken und zu fühlen, dass wir zu zweit mehr sind als jeder für sich alleine.

Klar, es gibt Aufs und Abs, es gibt Konflikte. Doch die Basis ist so stark, dass das kein Problem darstellt.

Liebe ist wie ein Garten. Man sagt, manche haben einen grünen Daumen. Dann wächst und gedeiht alles ganz prächtig. Andere haben keine gute Hand für Pflanzen. Kaum gesetzt, gehen sie auch wieder ein. Und doch kann Gärtnern gelernt werden. Man kann lernen, wie man mit Pflanzen umgeht. Es kommt auch auf den guten Boden an. Guter Boden, sprich gutes Vertrauen, muss aufgebaut werden. Unkraut muss entfernt werden. Man muss gießen und hin und wieder gezielt düngen. Ja, Liebe ist wie ein schöner Garten, es liegt an der Pflege!

Eine bewusste Beziehung hat die Chance, die Verliebtheit immer wieder auf-flammen zu lassen. Gute Gefühle, Nähe, Lust und Leidenschaft können wir auch bewusst erzeugen. Und genau darum geht es bei folgendem Werkzeug.

Mit diesem Werkzeug erstellt ihr eine unschätzbare Hilfe für euren Partner. Es ist wie eine Gebrauchsanleitung. Was löst bei mir gute Gefühle aus? Wie wird Nähe erzeugt? Wie wird Leidenschaft erzeugt? Wie wird Energie erzeugt?

Eine Wunschliste wie zu Weihnachten. Und genau wie zu Weihnachten wird viel-leicht nicht jeder Wunsch erfüllt werden. Doch du kannst mir vertrauen, mit die-ser Liste wurden schon großartige Erfolge erzielt.

Wie funktioniert dieses Werkzeug?

1. Nehmt euch ausreichend Zeit, diese Liste zu befüllen – jeder für sich.
2. Befülle die vier Bereiche der Liste mit Post-its. Spare nicht, alles was dir wichtig erscheint, hat auch Platz. Es können Dinge sein, die dein Partner jetzt schon für dich tut. Es können Dinge sein, die dein Partner früher getan hat, die aber mittlerweile eingeschlafen sind. Und es können Dinge sein, die du dir wünschst. Folgende Bereiche sind vorhanden:
    a) **Liebe:** Wann fühlst du dich geliebt? Was erzeugt bei dir ein Ge-fühl der Nähe? Was lässt dein Herz höherschlagen?
    b) **Leidenschaft:** Was erzeugt bei dir Leidenschaft? Wann fühlst du dich zu deinem Partner hingezogen? Was lässt dich innerlich vol-ler Vorfreude vibrieren?
    c) **Energie:** Was erzeugt bei dir eine unbändige Energie? Welche Aktivitäten machen dir Spaß? Wann vergisst du so richtig die Zeit?
    d) **Wünsche:** Was würdest du gerne (wieder einmal) erleben? Was könnte deine Beziehung bereichern? Wie könntet ihr als Paar weiter (zusammen)wachsen?
3. Tauscht dann die Listen aus, aber sprecht nicht darüber. Lasst die Erfah-rung in euch wie einen Samen keimen und seht zu, was passiert.

Manchmal dauert es auch, bis die ersten zarten Pflänzchen durch die Erde wachsen. Das ist ganz normal.

Dein Partner hat von dir ein unschätzbares Geschenk erhalten. Sieh deine Liste aber nicht als Forderung oder als Erfüllungsplan an. Baue, wann immer du es für richtig erachtest, den einen oder anderen Punkt der Liste deines Partners in euer tägliches Leben ein. Überrasche deinen Partner. Holt euch gemeinsame Energie und Leidenschaft mit eurem Wissen.

Ein kleiner Zusatztipp: Dieser mag in der Praxis manchmal schwierig umzusetzen sein, wenn wir gerade wütend oder enttäuscht sind, doch diese Liste erzeugt nicht nur Wirkung, wenn für die Beziehung ohnehin die Sonne scheint. Diese Liste entfaltet ihre Wirkung auch, wenn dunkle Wolken am Himmel stehen. Gerade dann ist es zwar am schwersten, den Fokus geradezubiegen, doch wenn es gelingt, einen ersten Schritt zu machen, ist das oft die halbe Miete.

Hier siehst du eine beispielhafte Liste:

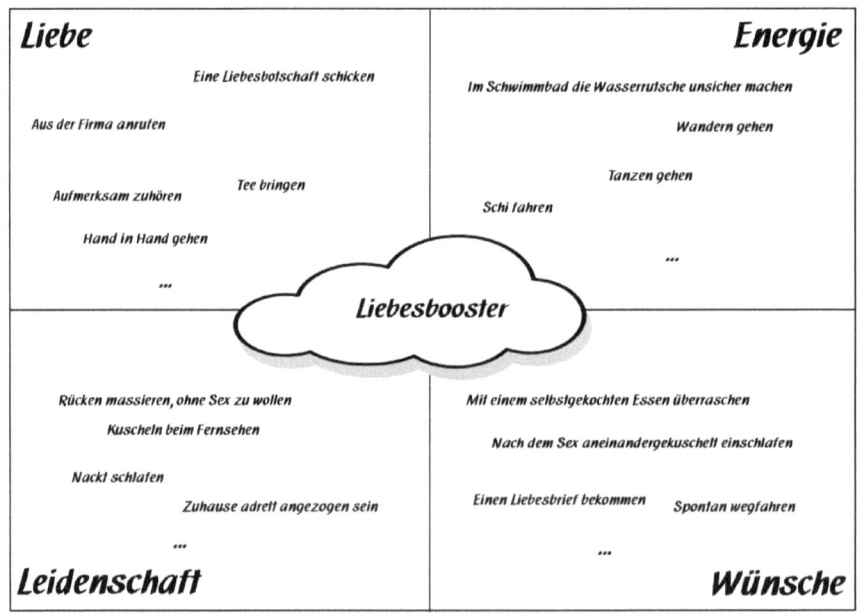

6.7 Werkzeug: Träume, Fantasien, Wünsche

Eine weitere wichtige Übung, um Klarheit zu erlangen: sich über seine Träume, Wünsche und Fantasien unterhalten. Das kann von kleinen, leicht zu erreichenden Zielen bis hin zu großen Lebensträumen gehen. Dabei ist es auch relevant zu erkennen, welche Themen ich für mich alleine bewerkstelligen möchte und was gemeinsame Themen mit meinem Partner sind. Nicht alles muss zwingend geteilt werden, da neben aller Gemeinsamkeit jeder Partner individuelle Vorstellungen hat. Wenn es aber Überschneidungen gibt, umso besser, da gemeinsame Ziele die Basis einer guten Beziehung weiter festigen. Die folgende Übung ist relativ einfach durchzuführen. Ein sehr wichtiger Punkt ist das gemeinsame Hinterfragen der Themen, um eine übereinstimmende Sichtweise zu erlangen. Wenn der Partner verstehen kann, was hinter den Wünschen liegt, ist es um einiges leichter, diese nachzuvollziehen, zu akzeptieren oder zu unterstützen. Denn auch bei einem individuellen Wunsch ist es hilfreich, einen Partner an seiner Seite zu haben, der diesen wertschätzend versteht und unterstützt.

Wie funktioniert diese Übung?

1. Im ersten Schritt sammelt jeder Partner für sich alle Wünsche und Träume, die ihm in den Sinn kommen.

2. Abwechselnd erklärt ihr euch nun Punkt für Punkt eure Wünsche. Wichtige Fragen, die ihr euch stellen könnt:
    a) Wieso ist mir dieses Thema wichtig? Was verspreche ich mir davon?
    b) Was steckt dahinter? Was glaube ich, damit zu erreichen? Was könnte mein Gewinn oder meine Motivation dabei sein?
    c) Welche Alternativen gibt es, die vielleicht ähnlich und mir auch wichtig sind?
    d) ...
3. Danach sammelt ihr die gemeinsamen Wünsche. Dies können neue Themen sein oder auch Punkte, die schon im jeweils individuellen Bereich vorgekommen sind, da vielleicht beide Partner ein ähnliches Thema aufgelistet haben oder ein Partner auf den Geschmack gekommen ist. Auch hier könnt ihr mit den unter 2. genannten Fragen arbeiten, um ein gegenseitiges Verständnis zu erlangen.
4. Im Anschluss daran nimmt jeder Partner seinen individuell wichtigsten Wunsch sowie einen Partnerwunsch, auf den sich beide gemeinsam einigen. Nun überlegt ihr euch erste Schritte, wie ihr diese Punkte umsetzen, erreichen oder in den Alltag integrieren könnt.

Die folgende Grafik illustriert den Vorgang beispielhaft:

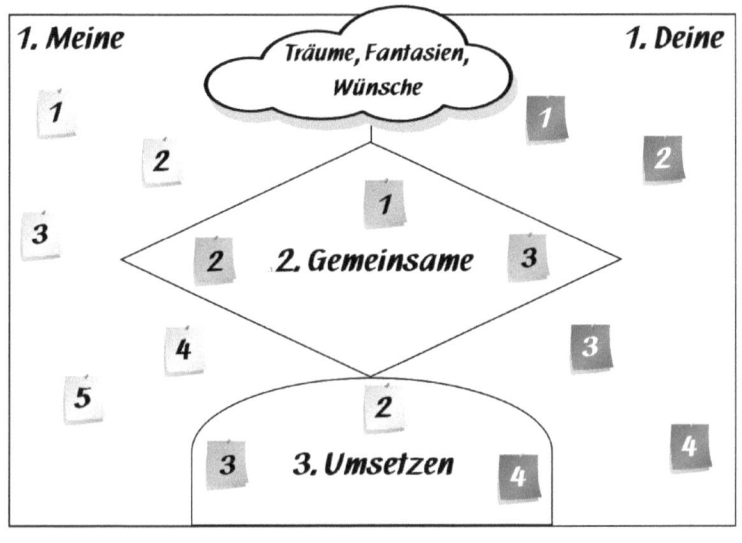

6.8 Werkzeug: Klarheit mit T-Shirt-Größen

Du wirst dich sicher fragen, was T-Shirt-Größen mit Klarheit zu tun haben. Die Antwort darauf ist eine Methode, die vielleicht auch dir helfen kann, bei bestimmten Themen mehr Klarheit zu erlangen.

Wie schon beschrieben, haben viele Menschen Schwierigkeiten, ihre Bedürfnisse, Wünsche, aber auch ganz alltägliche Themen klar auszudrücken. Wir haben das oft einfach nicht gelernt, sind als Kinder vielleicht dafür verurteilt worden – und dieser Schatten liegt nach wie vor über uns.

Was passiert, wenn ich nicht mehr geliebt werde, wenn ich mich so ausdrücke, wie ich möchte? Oder: *Darf ich überhaupt so egoistisch sein und meine Wünsche mitteilen?*

Oft merkt man es gar nicht mehr, wenn man in der Beziehung davon betroffen ist. Dann besteht die Kommunikation häufig aus einer Mischung von Andeutungen, Gedankenlesen, Erwartungen und Missverständnissen.

„Der Mistkübel ist schon ganz schön voll." Die logisch richtige Antwort wäre: „Ja, das stimmt". Diese schrammt aber an der ursprünglichen Intention des Satzes: „Bitte leere den Mistkübel aus!" knapp vorbei.

„Hast du gehört, dass Robbie Williams ein Konzert gibt?" Ungeschult würde man jetzt antworten: „Ja, ich hab's gelesen." Leider wird der Aufruf „Rooobbiieee kommt und ich will unbedingt dorthin!" ignoriert.

„Nimmst du dir am Wochenende eigentlich irgendwas vor?" Da wird es schon knifflig. Hier braucht es eine Menge Insiderwissen, um zu erahnen, dass gemeint ist: „Ich brauche etwas Zeit für mich, mir fällt die Decke auf den Kopf."

Die Chance, seine Wünsche erfüllt zu bekommen, wäre größer, wenn der Partner nicht wie ein Detektiv zwischen den Zeilen lesen müsste.

Je klarer du es schaffst, das auszudrücken, was du eigentlich willst, desto leichter wird es: einerseits für dich, das Gewünschte zu bekommen, und andererseits für deinen Partner, sich darauf einzustellen. Für die meisten Menschen ist es kein Problem, sich am Wochenende etwas vorzunehmen, wenn sie es rechtzeitig wissen. Doch stattdessen wird dieser Wunsch verschleiert, in der Konsequenz viel zu spät damit rausgerückt – und der Partner hat dann keine Chance mehr, sich darauf einzustellen. Oder der Wunsch wird ignoriert und das Wochenende wird ein lauwarmes Lüftchen. So oder so für beide kein guter Deal.

Sich klar auszudrücken, erfordert Mut. Es hilft jedoch ungemein, es auszuprobieren. Die T-Shirt-Größen bringen ein spielerisches Element hinein: je größer das T-Shirt, desto größer der Wunsch.

So könnte beispielsweise ein Versuch aussehen:

A: „Schatz, ich habe ein Shirt in der Größe M, von dem ich dir erzählen möchte. Und zwar möchte ich kommendes Wochenende mal etwas Zeit für mich haben. Mir fällt die Decke auf den Kopf."

B: „Hmm, das verstehe ich. Am Samstag ist aber Michaels Geburtstagsfeier, wo wir hinfahren wollten?"

A: „Wie wichtig ist dir das?"

Variante 1

B: „Also für mich ist das ein XL-Shirt. Wir haben uns schon letztes Jahr nicht gesehen und ich möchte gerne, dass du dabei bist."

A: „Ich verstehe, dass dir das wichtig ist. Dann lass uns Samstag dorthin fahren und am Sonntag nehme ich mir Zeit für mich."

B: „Okay."

Variante 2

B: „Also wenn ich drüber nachdenke, ist das eigentlich nur ein S-Shirt. Ich kann auch darauf verzichten. Dann nehme ich mir am Wochenende etwas vor und du nimmst dir eine Auszeit."

A: „Okay."

Es geht bei diesem Spiel nicht darum, den anderen übertrumpfen zu wollen. Wenn du dieses Spiel spielen willst, dann besuche den lokalen Kindergarten und spiele in der Supertrumpf-Runde mit. Dort gewinnst du vielleicht das stärkste Auto, das größte Schiff oder den schurkigsten Schurken.

In der Beziehung bedeutet Klarheit eben nicht, den Partner unbedingt über- trumpfen zu wollen. Es geht darum, dass beide Partner überlegen, wie wichtig ihnen ihre Wünsche wirklich sind und diese klar und zeitgerecht mitteilen. Das Ziel liegt darin, eine Lösung zu finden, die beide Partner als Win-win-Ergebnis empfinden. Und ja, manchmal kann es vorkommen, dass beide Partner ein XL-Shirt vor sich haben und verhandeln müssen. Vielleicht geht es dabei wirklich um zwei Wünsche, die sich gegenseitig ausschließen. Ist dann ihre Beziehung vorbei? Wohl eher nicht!

Die richtige Frage an dieser Stelle ist also: Was könnte eine Lösung sein, mit der wir beide zufrieden sind?

In diesem Schritt ist zunächst entscheidend, dass klar auf dem Tisch liegt, welche Wünsche vorhanden sind, und dass auch ganz klar ist, welche individuelle Wich- tigkeit diese Wünsche haben.

Ich empfehle ich dir, dieser Methode eine Chance zu geben, auch wenn sie sich anfangs ungewohnt anfühlt. Denn wie schon mehrmals erwähnt – alles was sichtbar ist, kann auch bearbeitet werden.

Wie du in weiterer Folge einen Konflikt passend ansprechen und zu einer Lösung kommen kannst, findest du etwas weiter hinten im Buch.

6.9 Werkzeug: Energieräuber und Energiespender

Beziehungen basieren auf Energie. Energie, die wir verlieren, und Energie, die wir erhalten. Du kennst sicher auch Menschen, denen du besser aus dem Weg gehst. Sogenannte Energievampire, die vorhandene Energie aufsaugen und dich wie ausgespuckt zurücklassen. Das passiert natürlich nicht aus Bösartigkeit, im Ergebnis macht es aber keinen Unterschied. Und auch in der Beziehung gibt es Dinge, die Energie rauben, und Dinge, die Energie spenden. Wenn ich darüber Bescheid weiß, welche Dinge das sind - bei mir und auch bei meinem Partner - habe ich einen entscheidenden Vorteil. Ich mache es damit uns beiden leichter, die Beziehung auf eine neue Ebene zu heben. Eine Ebene, die mehr Energie bereithält als bisher. Die gewonnene Klarheit bringt uns einen Schritt weiter in Richtung bewusst geführte Beziehung.

Wie funktioniert dieses Werkzeug?

Es ist denkbar einfach in der Anwendung:

1. Nehmt euch Zeit und denkt – jeder für sich alleine – über jene Dinge nach, die euch in der Beziehung derzeit Energie rauben, und jene Dinge, die euch Energie spenden.

2. Bewertet die gefundenen Punkte mit einer Größenordnung. Ihr könnt hierbei die T-Shirt-Größen verwenden oder auch die Schätzkarten. Entscheidend ist, dass das Ausmaß der Auswirkung erkennbar wird. Es gibt größere und kleinere Räuber, größere und kleinere Spender.
3. Tauscht euch mit eurem Partner aus, um ein gemeinsames Verständnis zu erzeugen.

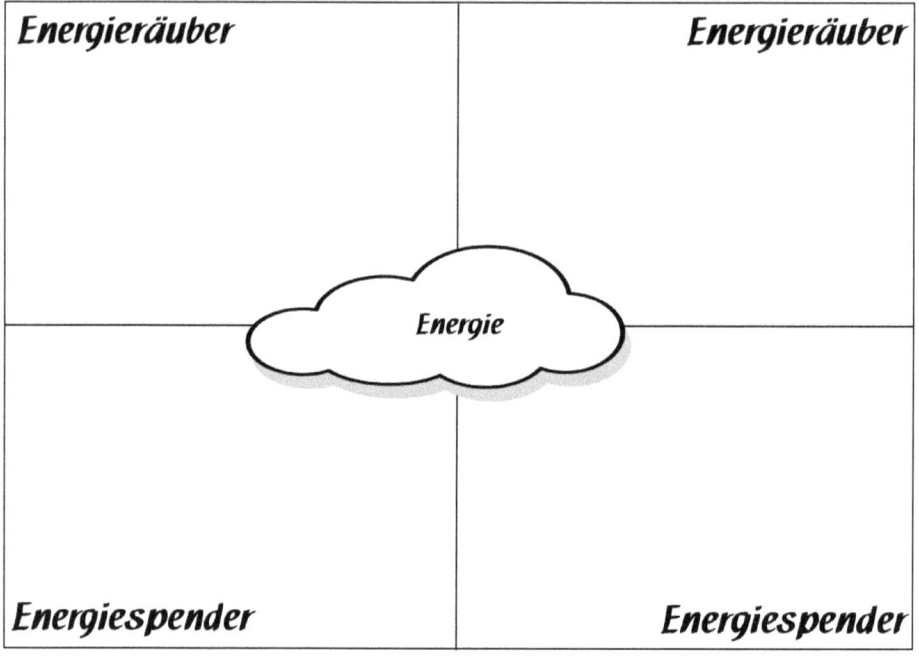

Und nun könnt ihr gemeinsam nach und nach eure Energieräuber verbannen und gleichzeitig eure Energiespender mehr und mehr in euer tägliches Leben aufnehmen.

6.10 Werkzeug: Klarheit finden

Du hast nun schon einige Werkzeuge kennengelernt, um das Verständnis und die Klarheit zu schärfen. Womöglich kommt es dir manchmal so vor, als fändest du dadurch unzählige Baustellen, die zu hinterfragen sind. Das folgende Werkzeug kann helfen, diese Baustellen einzugrenzen und den Fokus auf jene Dinge zu lenken, die für euch eine dringende Wichtigkeit besitzen. Nicht alles müsst ihr sofort ändern. Nicht alles müsst ihr überhaupt ändern. Es gibt auch Dinge, die vielleicht nicht ganz ideal sind, doch man hat mit dem Partner ein Einverständnis gefunden, diese zu belassen. Das folgende Modell hilft euch, die Themen einzugrenzen.

1. Schreibt auf Post-its alle Themen, die ihr schon gesammelt habt und die euch noch spontan einfallen.
2. Sollte es Unklarheiten geben, tauscht euch mit eurem Partner aus, was genau unter dem jeweiligen Punkt zu verstehen ist.
3. Danach ordnet im Einvernehmen mit eurem Partner die Themen den folgenden Kategorien zu:
   a) **Fragwürdig:** Diese Punkte sollen hinterfragt und zukünftig geändert werden.

b) **Ändern:** Diese Punkte müssen verändert werden.

c) **Akzeptiert:** Diese Punkte werden akzeptiert und nicht mehr diskutiert, auch wenn sie nicht ideal gelöst sind.

d) **Bewährt:** Diese Punkte sind gut und sollen bleiben.

Und das war's auch schon. Ihr habt nun eine Einteilung in die vier Kategorien vorgenommen und eine Vorauswahl getroffen, welche der Themen für euch vorrangig zu lösen sind. Diese Auswahl könnt ihr natürlich jederzeit anpassen. Der Vorteil dieser Einordnung liegt in der Transparenz: Es ist auf einen Blick ersichtlich, woran ihr arbeiten könnt. So können sich die Themen nicht verstecken und irgendwann unvermittelt hochkochen, sondern sie liegen am Tisch und warten auf Bearbeitung.

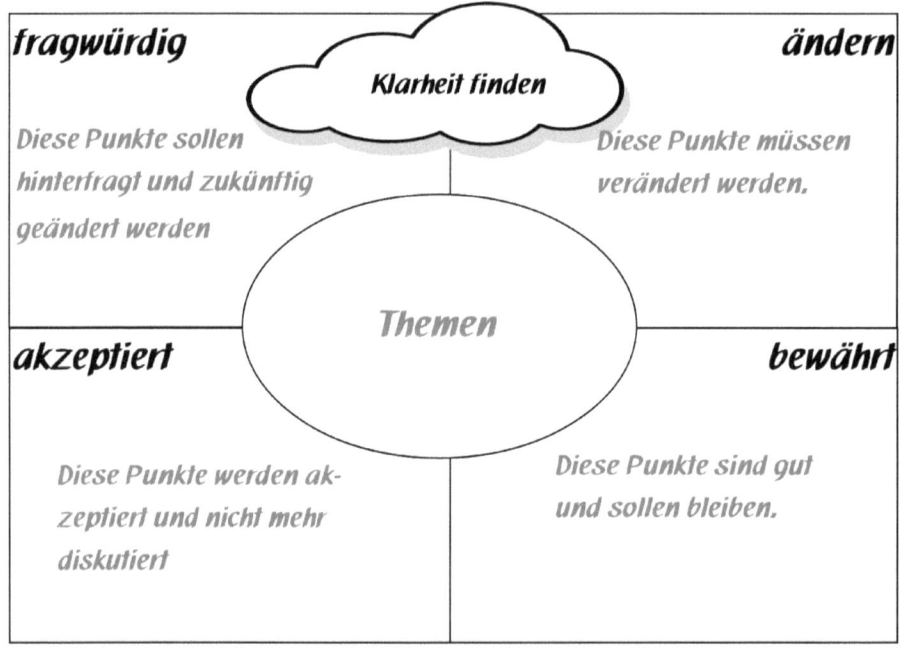

Mit den ersten drei VUCA-Buchstaben hast du schon viele agile Werkzeuge vorab kennengelernt. Nun kommen wir zum vierten VUCA-Buchstaben, der sich explizit mit dem Thema Agilität auseinandersetzt.

7 Agilität

Wachstum und Entwicklung sind wichtiger als Stabilität. Stabilität ist für viele Menschen ein zentraler Faktor, um sich in der Beziehung wohlfühlen zu können. Doch Stabilität erreicht man nicht durch Nichtstun. Stabilität erreicht man nicht dadurch, die Beziehung einfach ungeplant laufen zu lassen. Stabilität ist nicht gratis. Wenn du Stabilität in einer sich rasch ändernden Welt möchtest, dann ist Wachstum und Entwicklung die beste Erfolgsstrategie. Wer sich weiterentwickelt, als Mensch und als Paar, hat die besten Chancen, wirkliche Stabilität in der Beziehung zu erlangen und dauerhaft eine zufriedene Beziehung führen zu können.

Was bedeutet Agilität eigentlich genau? Agil ist das Gegenteil von schwerfällig. Viele Unternehmen haben erkannt, dass sie in einer sich rasch ändernden Welt flexibler werden müssen, um den Anforderungen des Marktes gerecht zu werden und überleben zu können. Zusätzlich bedeutet es proaktiv, vorwegnehmend und initiativ zu agieren, um rasch notwendige Veränderungen vorzubereiten und einzuführen.

Wie wir gesehen haben, haben sich auch Beziehungen in den letzten Jahrzehnten stark verändert. Oder sagen wir besser, die Möglichkeiten im Zusammenhang mit Beziehungen haben sich stark geändert. Die wirtschaftliche

Abhängigkeit ist in vielen Fällen weggefallen. Vor 50 Jahren hat man in den allermeisten Fällen einen Partner aus dem direkten Umfeld geheiratet, oft sogar aus demselben Ort. Dank der Globalisierung bestehen in der jetzigen Zeit beinahe unerschöpfliche Möglichkeiten zur Partnerwahl. Gesellschaftliche Gründe, eine Beziehung oder Ehe aufrechtzuerhalten, sind beinahe komplett weggefallen. Auch die Möglichkeit, lebenslang zu lernen und sich selbst zu verwirklichen, hat zu diesem Wandel beigetragen. Nicht wenige Paare trennen sich, weil sie sich einfach unterschiedlich weiterentwickeln.

Alle diese Voraussetzungen machen es nötig, anders mit Beziehungen umzugehen, als dies früher der Fall war. Das heißt nicht, dass früher alle Beziehungen besser waren. Ganz im Gegenteil.

Es heißt aber, dass wir eine Chance haben, auf diese Gegebenheiten proaktiv zu reagieren und uns auf die geänderten Umweltbedingungen in der Form einzustellen, dass wir unsere Beziehung als Bereicherung sehen und nicht als Erfordernis oder gar Hindernis.

Eine Basis, auf der Agilität entsteht und wachsen kann, sind agile Werte. Diese haben sich in agil aufgestellten Unternehmen entwickelt und etabliert – und manche davon bieten folglich auch für Beziehungen interessante Ansätze.

7.1 Agile Werte, die vorteilhaft für die Beziehung sind

7.1.1 Transparenz

Transparenz ist ein Wert, der für eine aktive Beziehungsarbeit unerlässlich ist. Wie wir schon gesehen haben, herrscht in vielen Beziehungen die Tendenz vor, entweder Dinge unter den Teppich zu kehren und zu ignorieren oder lautstark über diese Dinge zu streiten. Meistens verzettelt man sich jedoch auf Nebenschauplätzen (der Streit auf der Symbolebene lässt grüßen), und die wirklich wichtigen Dinge kommen selten auf den Tisch. Viel zu oft enden solche Diskussionen dann emotionsgeladen oder resignierend mit dem Gedanken, dass sich ohnehin nie etwas ändern wird. Die wirklich wichtigen Punkte transparent zu machen, hilft uns aber ungemein dabei, gemeinsam konstruktiv daran zu arbeiten. Denke immer daran: Was nicht bekannt ist, kannst du nur vermuten oder „hellsehen". Alles, was bekannt ist, kannst du bearbeiten und im Idealfall verbessern. Die Transparenz soll sich indes nicht nur auf Probleme in der Beziehung erstrecken, vielmehr auch auf Erfolge und Bemühungen, etwas zu ändern. Das gibt uns eine ganzheitliche Sicht auf die Beziehung und hilft uns, sie bewusster zu gestalten. Die beschriebenen Punkte Vision, Verstehen und Klarheit sind ein Paradebeispiel für gelebte Transparenz.

Es macht auch Sinn, jene Punkte transparent zu halten, an denen wir aktuell arbeiten, um die Beziehung zu verbessern. Sei es eine kleine Erinnerung am Badezimmerspiegel oder was auch immer für dich passend ist. Wenn wir ein Ziel vor Augen haben, hilft uns das, dranzubleiben.

Folgendes Bild zeigt, wie ein Paar mit dem Thema Transparenz in der Praxis umgegangen ist.

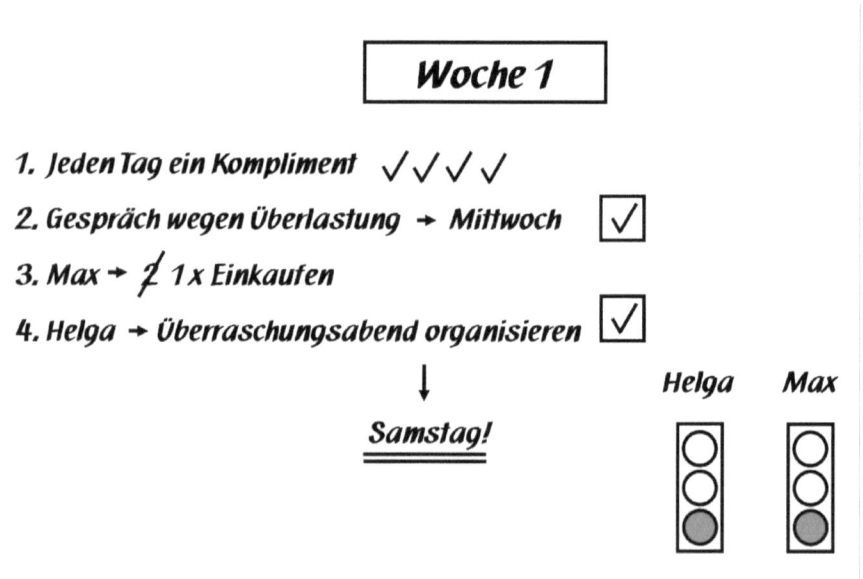

Besonders nett finde ich persönlich die aufgeklebten Ampeln. Helga hat mir gesagt, dass diese als Indikatoren für den derzeit gefühlten Allgemeinzustand der Beziehung stehen. Es ist auch schön der Grundsatz – *Weniger ist mehr* – zu erkennen. Lieber weniger vornehmen und das auch erledigen. Das hält die Motivation hoch und man strebt mit kleinen, aber kontinuierlichen Schritten dem Erfolg entgegen.

An dieser Stelle möchte ich noch erwähnen, dass Max Informatiker ist (manche würden sagen, er sei ein Nerd) und daher vielleicht nicht als allgemeingültiges Beispiel gelten kann. Wie auch immer, die Anstrengungen, Hürden, Vorhaben und Erfolge sichtbar zu haben, kann ungemein helfen und motivierend wirken!

7.1.2 Zusammenarbeit

Eine Beziehung besteht immer aus einer gemeinsamen Anstrengung in der Beziehungsarbeit. Einer allein ist auf verlorenem Posten. Auch wenn Impulse eines Partners große Veränderungen auslösen können. Auf Dauer, auch im Sinne der zuvor beschrieben Balance, ist jedoch Teamwork nötig. Nur mit einer gemeinschaftlichen Sichtweise und gemeinsamen Anstrengungen lässt sich eine dauerhafte Zufriedenheit erreichen. Wir haben dies beim Verstehen und bei der Klarheit bereits tiefergehend kennengelernt. Aber Vorsicht: Genau wie es im Arbeitsleben immer wieder zu Unstimmigkeiten kommen kann, heißt es auch bei zufriedenen Beziehungen nicht, dass immer alles passt und alle gleichermaßen zufrieden sind. Auf lange Sicht wird aber durch die Zusammenarbeit die Basis gelegt, damit eine zufriedene Grundstimmung vorherrschen kann.

7.1.3 Verantwortung

Das Thema *Verantwortung übernehmen* ist in Beziehungen allgegenwärtig. Für eine Verbesserung der Beziehung ist es unerlässlich, dass beide Partner Verantwortung übernehmen. Jeder trägt seinen Teil dazu bei. Wenn sich einer der Partner aus der Verantwortung schleicht oder diese nur halbherzig wahrnimmt, geht viel an Verbesserungsenergie verloren. Oder es entsteht schlimmstenfalls ein Ungleichgewicht, das Verbesserung und Veränderung gänzlich verhindert.

Verantwortung übernehmen bedeutet immer, eine Rundumsicht auf die Beziehung zu haben. Was ist mein Anteil? Was ist dein Anteil? Was ist unser gemeinsamer Anteil? Und ebenso: Was sehe ich? Was siehst du? Was sehen wir beide? Und was sehen wir beide nicht? Verantwortung bedeutet auch zu erkennen und darüber zu reflektieren, welche Wege funktioniert haben und welche bisher nicht das gewünschte Ergebnis erbrachten und eine Anpassung benötigen.

7.1.4 Verständnis

Verständnis wird in diesem Buch in mehrfacher Hinsicht als wichtiger Wert genannt. Es ist zum einen das Verstehen des eigenen Selbst, die Selbsterkenntnis, und zum anderen das Kennen und Verstehen des Partners. Wenn ich die Fähigkeit zur Selbstreflexion besitze, ich also weiß, warum ich in bestimmten Situationen auf eine bestimmte Art und Weise reagiere, dann lässt sich dies auch ändern. Und wenn ich auch meinen Partner kenne und verstehe, steigere ich die Fähigkeiten und Möglichkeiten, verständnisvoll und empathisch zu reagieren. Das Verständnis, das Verstehen und Verstandenwerden haben wir bereits tiefgreifend behandelt, da es ein unerlässlicher und wichtiger Baustein für den Erfolg ist.

7.1.5 Respekt

Respektvoller und wertschätzender Umgang mit dem anderen, aber auch mit sich selbst, ist das Fundament, auf dem alle anderen Werte wachsen können. Dieser Wert ist unglaublich wichtig. Daher hat auch John Gottman in seinem Buch „Die sieben Geheimnisse der glücklichen Ehe" den Gegenpart des Respekts in seine vier apokalyptischen Reiter aufgenommen. Diese vier Reiter, die das Ende einer Beziehung einläuten können, sind Kritik, Rechtfertigung, Mauern und eben das Gegenteil von Respekt: die Verachtung. Gottman selbst nennt die Verachtung den gefährlichsten der vier Reiter. Verachtung zerstört die Beziehungsbasis und macht eine konstruktive Herangehensweise beinahe unmöglich. Diesen Punkt möchte ich dir besonders ans Herz legen. Wenn es irgendwie möglich ist, dann erspare dir und deinem Partner, in diesen Bereich vorzudringen:

Schnaufen, Augen verdrehen, den anderen als blöd hinstellen – all das kühlt die Beziehung in Sekundenschnelle ab.

Das Einhalten von Respekt und Wertschätzung als Grundhaltung in jeder Phase der Beziehung ist dagegen ein Erfolgsbaustein. In der Sache kannst du hart bleiben, aber denke immer daran, dass dein Partner nicht dein Feind, sondern dein Freund ist. Auch in Konflikten wertschätzend und respektvoll sein zu können, gleicht der Meisterklasse der Beziehungen.

7.1.6 Fehlerkultur

Wenn man die Bestandteile der Agilität unter die Lupe nimmt, kommt einem häufig auch der Begriff Fehlerkultur unter. Ein Fehler ist ja grundsätzlich einmal schlecht. Wir alle kennen noch das rote Fehlerzeichen unserer Deutschaufsätze aus der Schule, die unbarmherzigen Wellen unter unseren hölzernen Ausdrücken – und im schlimmsten Fall stand dann auch noch das „Nicht genügend" tiefrot am Ende der Arbeit.

Diese Art des Denkens manifestiert sich in uns, und – das ist meine feste Überzeugung – schadet uns in hohem Ausmaß. Die Haltung *Ich darf keine Fehler machen* erzeugt einen hohen Druck, der in vielen Fällen unnötig ist.

Daher hat sich mit der Agilität auch eine differenzierte und durchaus positive Sichtweise auf Fehler etabliert. Diese ist nicht neu, denn den Spruch „Aus Fehlern lernt man!" hat sicher mein Großvater schon gehört.

Auch in der Beziehung ist es außerordentlich wichtig, Fehler zu machen und machen zu dürfen. Blöd ist es natürlich, wenn man immer wieder die gleichen Fehler macht und daraus nichts lernt.

Doch das ist hier nicht gemeint. Wenn ich den Weg einer bewussten Beziehung einschlage, dann komme ich nicht darum herum, neue Dinge zu probieren. Manches wird funktionieren, anderes wird ein „Fehler" sein. Wenn in einer Beziehung jedoch ein Grundvertrauen besteht und die Sichtweise, dass jeder der Partner sein Bestes versucht, dann sind Fehler ein unbezahlbares Hilfsmittel. Wenn ich dieses Mindset verinnerlicht habe, dann komme ich nämlich mit jedem Fehler einer zufriedenen Beziehung näher.

Reaktives Fehlverhalten ist ein Indiz dafür, dass es in deinem Partner etwas gibt, was ihn derzeit noch hindert, einer bewussten Lösung entgegenzustreben.

Ein bewusst gemachter Fehler, der durch Ausprobieren entsteht, ist jedoch wie in der Chemie als Experiment zu sehen. Geht es gut, dann herzlichen Glückwunsch, du hast das nächste Level erreicht. Läuft es schlecht, dann nehmen wir das als Feedback, lernen daraus und starten einen neuen Versuch.

Achtet bei auftretenden Fehlern nicht so sehr auf das Ergebnis, sondern auf den aktiven Versuch, etwas zu verbessern. Dies verlangt wiederum großen Respekt – vor dir selbst, vor deinem Partner und vor deiner Beziehung.

7.2   Agile Beziehungsarbeit

Wir haben schon gehört, dass in der agilen Welt häufig evolutionäre und iterative (das bedeutet schrittweise) Verbesserungen ein wichtiges Ziel sind. Und so kann es auch in Beziehungen gut funktionieren.

Es geht nun also darum, all unser bisher erworbenes Wissen ineinanderfließen zu lassen und gemeinsam an unseren wichtigen Themen zu arbeiten. An unserer Vision, unserem Verständnis, unserer Klarheit, unseren Konflikten, unserem Wachstum.

Das bedeutet aber nicht, eine Hauruck-Aktion zu starten und im Chaos zu versinken. Im Gegenteil, die Stärke der agilen Beziehung liegt im fokussierten, geplanten und iterativen Vorgehen. Sei gegrüßt, Kaizen. Schritt für Schritt gehen wir unserem Ziel entgegen. Wir lassen uns dabei von Rückschlägen nicht aufhalten, denn wir wissen, dass wir aus unseren Fehlern lernen und dass uns diese nur noch besser machen.

Wie kann nun so ein evolutionärer und iterativer Zyklus ablaufen?

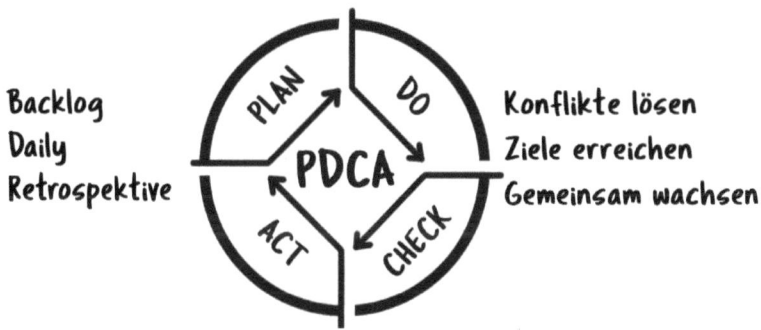

In dieser Abbildung ist der Ablauf zu sehen. Wir gehen nun nach und nach auf die Inhalte ein.

Wir verwenden aus der agilen Welt das PDCA-Modell. PDCA steht für

- Plan
- Do
- Check
- Act

Dieser iterative Ansatz kann immer wieder durchlaufen werden. Ihr könnt euch individuell überlegen, wie lange ein Zyklus jeweils dauern soll. Soll er solange dauern, bis ein Problem konkret gelöst ist und ihr zum nächsten Thema wechselt? Soll er zwei Wochen dauern, einen Monat oder länger? Mein Vorschlag: Startet mit monatlichen Intervallen. Das gibt euch genügend Zeit, eure Themen zu bearbeiten, auch wenn es im Umfeld und Alltag einmal stressiger wird.

Was ist mit den Phasen nun im Einzelnen gemeint?

1. Plan – Planen

In dieser Phase stellt ihr Hypothesen auf und überlegt euch zugehörige Experimente. Es werden dabei folgende Fragen geklärt:

- Was ist das Problem, das wir lösen müssen?
- Welche Lösungsvarianten könnten helfen, dieses Problem zu lösen?
- Welche Ressourcen haben wir und welche brauchen wir noch, um die Lösungsvarianten ausprobieren zu können?
- Was ist ein Ziel, das wir mit diesen Lösungsvarianten erreichen können? Und wie können wir messen, ob wir das Ziel auch tatsächlich erreicht haben?
- Welche der möglichen Lösungsvarianten wird unser Experiment?
- Welche Teilschritte unserer Vision könnten wir starten?
- Was nehmen wir uns sonst noch vor?

Es geht darum, sich einen konkreten Plan für den nächsten Zyklus zu überlegen.

Vielleicht findest du das übertrieben oder für Beziehungen viel zu gekünstelt. Vielleicht denkst du jetzt auch, dieses Konzept habe mit Beziehungen, Emotionen oder Nähe überhaupt nichts zu tun. Und ich gebe dir zum Teil auch recht. Doch mein Ansatz ist folgender: Beziehungen, Emotionen (und zwar positive) und Nähe entstehen nicht immer von selbst. Aber ich kann bewusst nachhelfen. Bewusst und geplant. Das ist sicher nicht die einzige Möglichkeit, doch ich habe schon oft genug gesehen und auch in Eigenerfahrung erlebt, dass wichtige

Bestandteile einer Beziehung wie Nähe, Vertrauen oder Leidenschaft einfach ganz automatisch eine Folge eines geplanten Vorgehens werden.

Damit ihr wirklich fokussiert vorgehen könnt, stelle ich euch das Konzept des Backlogs vor. Ein Backlog ist eine priorisierte Themensammlung. Einige Möglichkeiten, wie ihr den Backlog befüllen könnt, habt ihr bei der Vision, beim Verstehen und bei der Klarheit sicher schon entdeckt. Es ist wie ein Parkplatz für alle Themen, die euch wichtig sind. Ihr habt einen offenen Konflikt, der gelöst werden will? Auf den Backlog damit. Ihr habt ein neues Ziel, das ihr gemeinsam erreichen wollt? Auf den Backlog damit.

Du machst dir damit die Planungsphase um einiges leichter. Denn so hast du die Themen immer parat. Der Backlog hat noch zwei weitere Besonderheiten:

Er ist immer priorisiert. Das bedeutet, dass ihr jedes Mal, wenn ihr gemeinsam ein Thema hinzufügt, dies an einer passenden Stelle tut. Ist das Thema unglaublich wichtig, dann kommt es ganz nach oben. Ist es ein Nice-to-have-Thema, dann wird es weiter unten eingeordnet. Oben sind also immer die wichtigsten Themen, weiter unten die weniger wichtigen. Wichtig in diesem Sinne bedeutet, dass ihr erwartet, dass eure Beziehung daraus den größten Nutzen, den größten Gewinn zieht.

Nutzt das Pareto-Prinzip. Welche 20 Prozent des Aufwands sichern euch 80 Prozent des Erfolges? Was sind die Themen, um die es euch wirklich geht? Somit braucht ihr beim Planen nur die obersten Themen betrachten und auswählen und nicht den gesamten Backlog durchforsten. Die Priorisierung kann sich natürlich jederzeit ändern. Verschiebt einfach die Themen gemeinsam, wenn es für euch beide sinnvoll scheint.

Und es lohnt sich, wenn ihr den Themen beim Einfügen einen Schätzwert mitgebt. Ihr könnt hierbei wieder die T-Shirt-Größen oder die Schätzkarten verwenden. Wieso ist das relevant? Es wird Themen in eurer Beziehung geben, die lassen sich recht einfach beheben, XS-Themen also. Und es wird Baustellen geben, die euch schon lange begleiten und aufwendig sind, die L- oder XL-Baustellen. Hier kann es sogar lohnend sein, diese in kleinere Teilziele zu unterteilen, damit ihr euch gegenseitig nicht überfordert. Oder möglicherweise sind dies sogar Themen, für die ihr euch externe Unterstützung in einer Paarberatung holen wollt. Wichtig ist, dass beide Partner ihre Einschätzung dazuschreiben. Ein Thema kann für einen Partner weit schwieriger sein als für den anderen, und das gilt es zu berücksichtigen. Für die Schätzung ist zu beachten: Ein M-Thema ist größer als ein S-Thema, ein XL- größer als ein L-Thema. Das hat nichts mit der Wichtigkeit zu tun, sondern nur mit dem geschätzten Aufwand oder der vermuteten Schwierigkeit, dieses Problem zu lösen oder dieses Ziel zu erreichen. Die Wichtigkeit spiegelt sich in der Priorisierung wider.

Ihr könnt vielleicht bei der Planung sagen: „Das oberste Thema ist ein kleines, da können wir auch noch ein zweites oder drittes mitnehmen." Oder ihr sagt: „Das oberste Thema ist sehr groß, wir sollten es unterteilen und vorerst einmal einen Teilaspekt erledigen."

Hier siehst du beispielhaft, wie ein Backlog aussehen kann. Ein weiterer Vorteil liegt darin, dass du maximale Transparenz erzeugst:

Backlog			
1	Konflikt 1	L	M
2	Thema 1	S	M
3	Thema 2	M	L
4	Ziel 1	S	S
5	Ziel 2	L	L
6	Ziel 3	XL	M
7	Konflikt 2	L	M
8	...	...	...
9	...	...	...
10	...	...	...
11	...	...	...
12	...	...	...

Nehmt euch für die Planung der Themen ruhig Zeit. Setzt euch zusammen, schaut die Punkte gemeinsam durch und überlegt euch, wie ihr vorgehen wollt. Überlegt auch, wer was zu welcher Zeit dazu beitragen kann. Überlegt euch idealerweise Zielkriterien. Die richtige Frage ist: „Wie wissen wir, ob wir das Thema für uns beide zufriedenstellend abgeschlossen haben?" Je genauer ihr das wisst, desto einfacher wird danach die Umsetzung. Die Planungsphase ist wie die Vorbereitung auf eine Reise zu sehen.

Wenn die Planung zur beiderseitigen Zufriedenheit erledigt wurde, ihr also die wichtigen Themen ausgewählt und eure Erwartungen geklärt habt, dann kann die nächste Phase starten.

2. Do – Umsetzen

Nun ist es Zeit zu handeln. In dieser Phase wird umgesetzt, was ihr euch vorgenommen habt. Es kann nötig sein, einige Feedbackschleifen einzubauen, da in der Praxis Probleme auftreten können und diese vielleicht gar nicht so schwierig aus dem Weg zu räumen sind. Dazu ist es nötig, klar, offen und direkt miteinander zu kommunizieren. Möglicherweise ist es schwierig, die angedachte Lösungsvariante konkret in die Praxis umzusetzen. Oder die Variante lässt sich umsetzen, zeigt aber offensichtlich nicht den gewünschten Effekt. Ein offenes Kommunikationsklima hilft, darüber zu reflektieren und kleine Anpassungen des Experiments direkt einzubauen. Achtet darauf, dass der Erwartungsdruck nicht zu hoch wird. Seht das Ganze vielmehr als spannendes Spiel an. Das Ziel besteht darin, der bestmögliche Partner zu werden. Auch wenn das vielleicht sehr altruistisch klingt, so ist die Chance, dass dein Partner ähnlich zu ticken beginnt, gar nicht mal so gering. Nichts muss sofort funktionieren, und alles kommt zu seiner Zeit. Jetzt ist einmal dieses Experiment an der Reihe und danach das nächste, sodass über kurz oder lang beide Partner gleichermaßen profitieren.

Mögliche Inhalte dieser Phase sind beispielhaft:

- Verwirklichen der Vision und der Ziele
- Ansprechen und Lösen von Konflikten
- Die Wahrheit sagen
- Klarheit herstellen
- Verständnis füreinander weiter ausbauen
- Liebesverstärker und Liebesbooster
- Balance verbessern
- ...

Es hat alles Platz, was ihr euch während der Planung vorgenommen und als wichtig erachtet habt.

Es kann natürlich vorkommen, dass ihr einzelne Punkte eures Plans nicht durchführen könnt. Ein Plan ist ein Plan und die Realität lehrt uns manchmal, dass sie es besser weiß. Das ist sogar eher der Normalfall. Nehmt es als spielerische Herausforderung und lasst euch davon nicht in eine Negativspirale ziehen. Seht es vielmehr als Anlass, um euch auszutauschen und Mittel und Wege der Verbesserung zu finden. Vielleicht war es einfach zu stressig? Vielleicht sind unbewusst versteckte Bremser in euch vorhanden? Vielleicht habt ihr euch einfach zu viel auf einmal vorgenommen? Alles kein Problem in der Liebe! Eure gestärkte Problem- und Lösungsfindungskompetenz als Team wird euch hier gute Dienste leisten. Ihr könnt das Thema einfach in den nächsten Zyklus mitnehmen oder es auch austauschen, wenn ihr übereinkommt, dass ihr andere Themen als wichtiger erachtet.

Diese Phase endet durch Zeitablauf oder wenn die Partner vereinbaren, dass sie vorzeitig enden kann.

3. Check – Prüfen

Die Phase der Prüfung ist unglaublich wichtig und ein essenzieller Bestandteil der kontinuierlichen Verbesserung eurer Beziehung. Hier wird das Experiment überprüft und anhand der festgelegten Zielkriterien oder auch anhand des subjektiven Empfindens werden die Auswirkungen reflektiert.

- Welche Punkte aus unserem Plan haben wir umgesetzt? Was ist offengeblieben? Welche Hindernisse waren uns dabei im Weg?
- Waren die Ergebnisse wie erwartet? Wie weit helfen die erreichten Ergebnisse mit, dass das zugrundeliegende Problem tatsächlich gelöst oder unser Ziel erreicht wurde?
- Welche Anpassungen könnten nötig sein?
- Was ist sonst noch offen?
- Wo stehen wir aktuell auf einer Zufriedenheitsskala zwischen 1 und 10? 1 bedeutet sehr unzufrieden, 10 bedeutet, es ist alles perfekt.

In dieser Phase wird überprüft, wie der aktuelle Zustand ist. Eine Standortbestimmung im Kleinen und sehr fokussiert auf jene Punkte, die ihr vereinbart habt. Ist etwas komplett schiefgegangen, wird in dieser Phase nach den Ursachen geforscht (zum Beispiel mit der 5-Why-Methode). Wenn die Antworten auf die zuvor gestellten Fragen für beide Partner ein zufriedenstellendes Ergebnis bringen, geht es weiter zum nächsten Schritt.

4. Act – Handeln

Nun ist es Zeit, ein Resümee zu ziehen. Wenn alles gutgegangen ist, habt ihr erste Verbesserungsschritte gesetzt. Ist das Ergebnis noch nicht zufriedenstellend, dann könnt ihr die Erkenntnisse in den nächsten Zyklus mit einfließen lassen. Auch hier lohnt sich eine offene und ehrliche Kommunikation, da es wichtig ist, ehrliches Feedback vom Partner zu erhalten. Das Format der Retrospektive ist für diese Phase gut geeignet. Je offener und ehrlicher, desto besser für die nachfolgenden Zyklen, da ja die Verbesserung inkrementell und evolutionär (das heißt: auf den bereits vorhandenen Erkenntnissen aufbauend) stattfinden soll. Das Ende dieser Phase ist zugleich wieder der Startschuss zur ersten Phase.

Anhand der Iterationen (Wiederholungen) werdet ihr merken, wie ihr Schritt für Schritt vorankommt. Das Gefühl einer bewusst durchgeführten Veränderung, selbst wenn der eine oder andere Stolperstein auf dem Weg liegen mag, kann euch und eurer Beziehung Flügel verleihen.

Ich wiederhole an dieser Stelle: Es wird Erfolge, aber auch Rückschläge geben, das ist ganz normal. Selbst bei konsequentester Anwendung eures erworbenen Wissens wird es nicht nur sonnige Tage geben. Wir Menschen sind dafür einfach zu komplex gebaut.

„Erst durch Regentage lernen wir den Sonnenschein schätzen!" Ihr werdet in vielen Fällen eine Tendenz in die richtige Richtung spüren. Eure Beziehungsverbesserung wird aber keine Gerade sein, die steil nach oben zeigt, sondern vielmehr eine gezackte Linie mit Höhen und Tiefen. Im folgenden Bild ist beispielhaft dargestellt, wie diese Linie aussehen kann. Und ihr seht auch, dass der gleitende Durchschnitt, und auf den kommt es an, stetig nach oben geht. Diese Hilfslinie zeigt euch die Tendenz eurer Bemühungen eindeutig an:

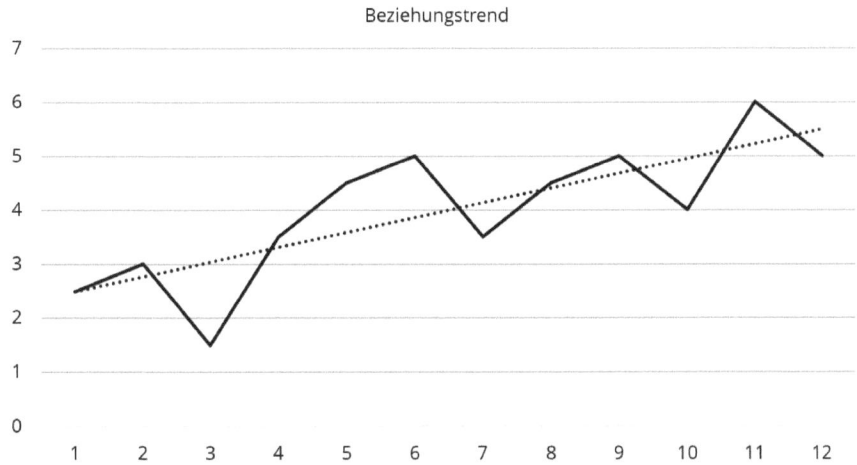

Ihr werdet anhand eures Fortschritts auch merken, dass sich Themen, die ursprünglich auf eurem Backlog gelandet sind, idealerweise wie von Geisterhand auflösen. Wenn ihr an den Basisthemen arbeitet, lösen sich oft mehrere Probleme gleichzeitig oder verlieren einfach an Wichtigkeit. Und je bewusster ihr eure Beziehung führt, desto mehr werdet ihr merken, dass sich auch euer Backlog verändert. Die Probleme und Hindernisse werden immer weniger, dafür werden eure Ziele und gemeinsamen Vorstellungen immer weiter geschärft und nehmen mehr Platz ein.

Denkt bitte auch daran, euch bei der Retrospektive konkret vorzunehmen, wie ihr euren Erfolg gebührend feiern wollt. Manche Paare legen sich eine „wall of fame" an, wo sie ihre Erfolge aufbewahren. So können sie immer wieder nachsehen, was sie bereits alles erledigt haben. Das halte ich persönlich für eine sehr schöne Idee. Und eine sehr wichtige, denn unser Gehirn spiegelt uns manchmal vor, dass wir auf der Stelle treten und gefangen in Konflikten oder Problemen sind. Vor allem dann, wenn dunkle Wolken aufziehen und der Tunnelblick einsetzt, kann es eine große Hilfe sein, sich den bereits gegangenen Weg bewusst zu machen. So könnt ihr schnell wieder umdenken und den Fokus neu setzen. Ich kenne Paare, die so geübt sind, dass sie sich richtig freuen, wenn sie einen Konflikt zu lösen haben und als „Problemlösungsteam" zusammenarbeiten können!

Dazu werde ich dir mit den Konfliktwerkzeugen im Folgenden eine Hilfestellung anbieten.

7.3 Werkzeug: Konflikt ansprechen

Konflikte in der Beziehung ansprechen, das ist so eine Sache. Grundsätzlich sind wir ja alle sehr konfliktfähig. Ja, wenn da nur der Partner nicht so komisch wäre. Er ist ja immer gleich sauer, eingeschnappt, zornig, aggressiv, am Boden zerstört – such dir die passende Variante aus.

Konflikte sorgen für Stress. Leider ist das so. Manchen Menschen fällt es leichter, damit umzugehen. Das sind die mit dem dicken Fell. Anderen fällt es schwerer. Sie sind nah am Wasser gebaut.

Manche Menschen tun sich leicht, unpassende Dinge anzusprechen. Andere trauen sich das aus unterschiedlichen Gründen gar nicht.

Und es gibt auch Menschen, für die ist der Konflikt die einzige Möglichkeit, sich zu spüren beziehungsweise mit dem anderen in Verbindung zu bleiben oder zu kommen. Der Konflikt als unpassende Möglichkeit, Nähe zu erzeugen.

Je nachdem, wie mein Gegenüber tickt, gibt es mehrere Methoden, mit Konflikten umzugehen. Diese reichen von sehr vorsichtig bis offensiv, von sehr rational bis emotional.

Eines ist jedoch gewiss: Konfliktauslöser zu ignorieren, ist die schlechteste Lösung. Ein ignorierter Konflikt ist wie Unkraut. Es wuchert und gräbt sich in die Tiefe. Es wurzelt immer mehr und macht dem restlichen Gartengewächs in der Nähe das Überleben schwer. Manchmal kreisen alle Gedanken nur noch um die Streitthemen – und wir sind gar nicht mehr fähig, positive Aspekte der Beziehung wahrzunehmen.

Aus diesem Grund stelle ich dir ein Werkzeug vor, das es dir erheblich leichter machen wird, einen Konflikt anzusprechen. Und zwar ohne dein Gegenüber zu bewerten oder anzuklagen. Bewertungen und Anklagen führen zu einem Verlust der gleichen Augenhöhe. *Ich weiß, was gut und richtig ist. Du weißt das nicht. Sorry.* Doch so geht es in eine falsche Richtung.

Das Konflikt-ansprechen-Modell wird dir helfen, diesen Fehler künftig zu vermeiden und einen Konflikt so anzusprechen, dass es möglich wird, eine adäquate Lösung zu finden. Eine Lösung, die für beide Partner dauerhaft zufriedenstellend ist. Denn darauf kommt es an – eine nachhaltige Lösung.

Ist die Lösung ein fauler Kompromiss, kannst du dir sicher sein, dass sie bewusst oder unbewusst sabotiert wird. Ein Leben mit einem faulen Kompromiss verschiebt nur das Problem und es kommt an anderer Stelle wieder an die Oberfläche.

Wie funktioniert das Konflikt-ansprechen-Modell?

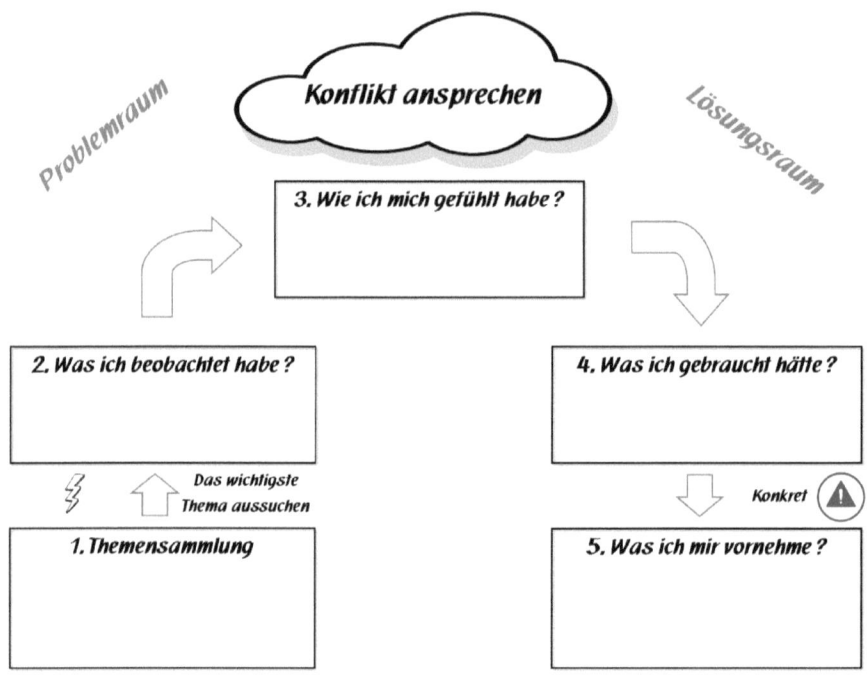

Dieses Werkzeug unterstützt dich bei der Vorbereitung auf das Gespräch und gibt dir zugleich einen roten Faden für die Gesprächsführung mit. Es kann nützlich sein, die Vorbereitung und Anwendung mit kleinen Post-its durchzuführen – auch wenn es anfangs vielleicht etwas merkwürdig erscheint und sich gar nicht danach anfühlt, als hätte dieser „businessmäßige" und rationale Zugang einen Platz in Beziehungen. Ich merke immer wieder, welche Kraft hinter der Visualisierung und der damit erzeugten Transparenz steckt. Probiere es einfach einmal aus. Seine ganze Wirksamkeit entfaltet dieses Werkzeug übrigens in Kombination mit dem Konflikt-lösen-Modell, das ich im nächsten Kapitel vorstelle.

Zuerst müssen wir jedoch für uns selbst Klarheit erlangen, worum es uns tief in unserem Inneren geht. Führe die folgenden Schritte daher allein durch:

1. **Themensammlung:**
   Sammle alle Themen, die für dich relevant sind und angesprochen werden sollten. Wenn du im Problemraumdenken bist, kann es sein, dass sehr viele Themen vor deinem geistigen Auge auftauchen. Beschränke dich jedoch auf Themen, die dir wirklich, wirklich wichtig sind.
   a) Suche dir jenes Thema aus, das du konkret ansprechen willst – wirklich nur ein Thema und kein Rundumschlag. Auch wenn es verführerisch erscheint, gleich in einem Aufwasch alles loszuwerden. Es geht nicht darum, den Partner zusammenzufalten und ihm zu beweisen, was er alles falsch macht. Vielmehr geht es um die fokussierte Auflösung eines wichtigen Streitthemas.

2. **Was ich beobachtet habe:**
   Überlege dir, was du wann genau beobachtet hast. Idealerweise stammen die Beispiele aus der jüngeren Vergangenheit. Dann ist die Chance größer, dass sich auch dein Partner noch daran erinnert. Ignoriere interpretierende und bewertende Gedanken. Was hätte eine Videokamera zu diesem Zeitpunkt aufnehmen können? Eine Kamera kann nicht aufnehmen, dass jemand unzuverlässig ist oder IMMER zu spät kommt. Eine Kamera kann aber aufnehmen und anhand des Zeitstempels erkennen, dass jemand zehn Minuten nach der vereinbarten Zeit zum Treffpunkt erscheint. In den meisten Fällen genügen hier eine Handvoll Beispiele, die dir wichtig sind.

3. **Wie ich mich gefühlt habe:**
   Nun überlege dir, was dadurch in dir ausgelöst wurde. Welche Gedanken hattest du? Wie hast du dich gefühlt? Was wurde tief in dir ausgelöst? Was noch? Was noch? Dieser Punkt ist wichtig für dich, um zu erkennen,

was wirklich los ist. Im ersten Moment wirst du denken: *Na, ich war stink-sauer!* Ja, warst du. Und was noch? Möglicherweise hast du dir Sorgen um deinen Partner gemacht? Möglicherweise hattest du Angst, weil du große Menschenmengen alleine schwer verkraftest. Das wahre Gefühl zu erkennen, kann ein wichtiger Wachstumsschritt für dich sein.

4. **Was ich gebraucht hätte:**

   Nun kommt ein wichtiger Schritt. Es geht darum, die Brücke zwischen der Beobachtung, dem Gefühl und dem Bedürfnis zu bauen. Diese Brücke kann wichtig für dich sein, um in weiterer Folge den Konflikt konstruktiv lösen zu können. Was genau hättest du in diesem Moment benötigt? Was noch? Und was könnte noch eine Alternative sein? Je mehr du weißt, desto mehr wirst du dir deiner selbst bewusst.

5. **Was ich mir vornehme:**

   Nun folgt schon der vorletzte Schritt. Überlege dir, was du dir vornehmen kannst. Wie könntest du dich anders verhalten oder anders reagieren? Was würdest du benötigen, um anders reagieren zu können? Was ist dir bei diesem Thema besonders wichtig? Auch dieser Schritt ist essenziell, denn das sind erste Überlegungen, wie Wachstum erfolgen kann. Wachstum für die Beziehung und Wachstum für dich selbst. Daher überlegen wir uns an dieser Stelle auch nicht, wie der Partner sein soll. Wenn der Konflikt dann gelöst werden kann, sind diese Punkte wichtige Informationen, die eine Lösungsfindung erleichtern.

6. **Gespräch mit dem Partner:** Jetzt wird es ernst. Wenn die Vorbereitung abgeschlossen ist, ist die Zeit reif, mit deinem Partner zu sprechen und dein Anliegen zu erläutern. Beim Ansprechen geht es noch nicht darum, sofort Lösungen zu finden. Manchmal gelingt das, manchmal auch nicht. Im ersten Schritt kommt es nur darauf an, das Thema auf den Tisch zu bringen, und zwar in einer Art und Weise, die dein Partner annehmen kann. Nicht anschuldigend und anklagend, sondern darauf fokussiert, was das Thema in dir auslöst. Dieses Verständnis ist essenziell, um in den Prozess einer Lösungsfindung zu gelangen.

An dieser Stelle folgen nun einige Hinweise, die dir das Ansprechen erleichtern:

1. **Zeitpunkt:** Vereinbare mit deinem Partner einen Zeitpunkt für ein Gespräch. Der richtige Zeitpunkt ist wichtig. Die Erfolgschancen für ein gutes Gespräch sind kleiner, wenn dein Partner gestresst ist oder den Kopf nicht frei hat.

2. **Ort:** Sucht euch einen eigenen Platz, an dem ihr eure Konflikte besprechen wollt. Das Schlafzimmer oder sonstige positiv belegte Plätze eignen sich nicht so wahnsinnig gut dafür. Profis haben eine eigene Ecke für Gespräche! Es genügt aber auch, ein eigenes Ritual zu etablieren, beispielsweise eine Kerze anzuzünden. Wie kann das helfen? Wir verankern in unserem Unbewusstsein bestimmte Abläufe. Im Idealfall speichern wir: Kerze – Gespräch – wir wachsen gemeinsam! Das bietet eine perfekte Basis für weitere Gespräche. Nehmt dieses Ritual also „heilig" und versucht, es nicht durch unkonstruktives Streitverhalten zu entweihen.

3. **Dialog:** Führt das Gespräch in der bereits vorgestellten Dialogform– ein Sender, ein Empfänger. Das erleichtert euch beiden das Prozedere.

4. **Ablauf:** Bleibt beim vorgeschlagenen Ablauf. Der rote Faden, Beobachtung – Gefühl – Bedürfnis, bietet einen guten Rahmen und hilft beim Vorgehen.

5. **Dein Anteil:** Bleib bei dir und deinem Anteil. Lasse Anschuldigungen, Verallgemeinerungen, Interpretationen, Bewertungen und Anklagen beiseite. Erzähle von dir, wie es dir geht, wie du dich fühlst, was du brauchst und was du dir vornimmst.

6. **Grundhaltung:** Gehe mit der schon beschrieben Grundhaltung in das Gespräch, dass dein Partner IMMER nach bestem Wissen und Gewissen agiert.

7. **Klarheit:** Wenn du im Normalfall ein Konfliktvermeider oder Sorgenschlucker bist, springe ins kalte Wasser und probiere einfach. Oft ist es

weit weniger schlimm als vermutet – und dein Partner wird die neu gewonnene Klarheit schätzen.

8. **Priorität:** Nicht jeder Konflikt kann sofort gelöst werden. Nicht jeder
   Konflikt muss gelöst werden. Beschränke dich auf die Themen, die dir
   wirklich wichtig sind.

9. **Gelassenheit:** Manchmal kann es auch heftig werden. Weder du noch
   dein Partner sind perfekt und frei von reaktiven Gefühlen. Versucht im
   Notfall, die Kino-Übung anzuwenden oder vertagt das Gespräch, bis ihr
   wieder ruhiger seid.

10. **Herz:** Bleibt in Verbindung und haltet Augenkontakt – sprecht von Herz
    zu Herz.

Hier siehst du noch mal die gesamte Vorbereitung im Überblick:

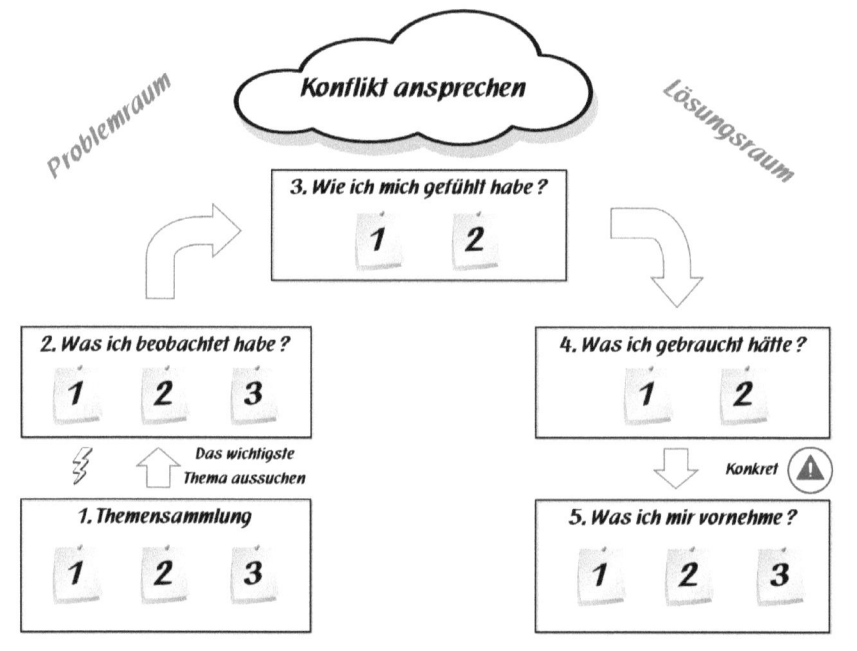

So, jetzt hast du es hoffentlich gut über die Bühne gebracht und dein Thema angesprochen. Allein das Ansprechen kann schon zu einer spürbaren Verbesserung führen.

Jetzt fehlt aber noch ein nächster wichtiger Schritt. Dein Partner ist ja nicht dazu da, deine Wünsche zu erfüllen und sich komplett zu verwandeln. Auch er hat Gefühle, Bedürfnisse, Wünsche.

Im Folgenden geht es darum, wie es gelingt, zwei Meinungen darzulegen und gemeinsam konstruktive und nachhaltig lebbare Lösungen für eure Konfliktthemen zu finden.

7.4 Werkzeug: Konflikt lösen

Ich stimme dir sofort zu – es wäre natürlich vordergründig schön, wenn sich unser Partner einfach ändern könnte. Seine unpassenden Verhaltensweisen und Einstellungen einfach ablegen könnte. Ja, einfach normal sein könnte.

Doch so einfach ist es, wie wir wissen, leider nicht. Eine Veränderung passiert selten von heute auf morgen, und schon gar nicht, wenn sie erzwungen wird.

Jede Veränderung setzt einen inneren Antrieb, eine gefühlte Notwendigkeit voraus. Jede Veränderung muss einen Sinn ergeben. Und zwar einen Sinn für mich und nicht für andere. Jede Veränderung in Beziehungen wird durch das Verstehen des Partners erleichtert. Wenn ihr also im Vorfeld eure Hausaufgaben gemacht und den Konflikt adäquat angesprochen habt, seid ihr auf dem besten Weg, ihn zu lösen. Auch dafür gibt es wieder ein Werkzeug zur Unterstützung – das Konflikt-lösen-Modell:

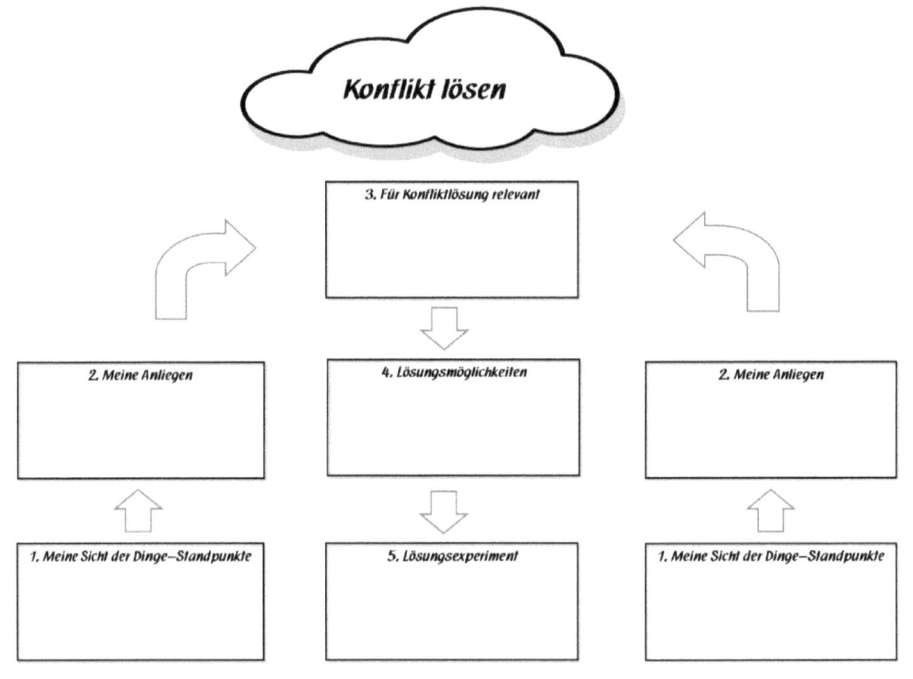

Im Folgenden werde ich den Weg mit dir durchgehen. Die einzelnen Punkte bauen aufeinander auf. Das hilft, eine gemeinsame Sicht auf die Dinge zu entwickeln, die eine gemeinsame Lösungsfindung unterstützen. Ihr könnt zur besseren Visualisierung die Punkte wieder mit Post-its vorbereiten.

Geht die Punkte idealerweise Schritt für Schritt durch. Das bringt den Vorteil, dass ihr eure Erfahrungen und Erkenntnisse gleich in den nächsten Schritt einfließen lassen könnt. Zusätzlich fördert die gemeinsame Vorgehensweise die Zusammenarbeit zwischen euch, was einer konstruktiven Konfliktlösung in jedem Fall zugutekommt. Einigt euch im Vorfeld auf genau ein Konfliktthema, das ihr lösen wollt. Dieser Fokus ist wichtig, da das Gespräch sonst in verschiedene Richtungen driften kann und jedes weitere betrachtete Thema eine zusätzliche Komplexität bedeuten würde.

Wie funktioniert nun das Konflikt-lösen-Modell?

1. **Meine Sicht der Dinge – Standpunkte:**

   Zuerst sammelt ihr eure individuelle Sicht auf die Dinge und klärt für euch eure Standpunkte. Was habt ihr beobachtet? Was ist euch bei dem Thema wichtig? Worum geht es euch vordergründig? Welche Informationen sind für den Partner wichtig, um ein Verständnis zu erleichtern? Wenn ihr die Punkte gesammelt habt, tauscht euch miteinander aus. Jeder soll nun seine Sicht, seine Standpunkte sowie alle weiteren Punkte, die ein Verständnis erleichtern, erzählen.

   Wenn du etwas nicht verstehst, frage nach. Denke aber daran – du brauchst dich nicht zu rechtfertigen, zu verteidigen oder sonst etwas zu tun, was in dir automatisch hochsteigt. Dein Mindset sollte sein: Ich möchte gemeinsam mit einem befreundeten Land einen Konflikt lösen. Dabei sind mir meine Themen wichtig, und ich respektiere die Themen des anderen Landes.

2. **Meine Anliegen:**

   Nun geht es darum, die Brücke von euren Sichtweisen und Standpunkten zu euren Anliegen zu bauen. Überlegt euch wieder beide, was eure Anliegen bei diesem Konfliktthema sind. Was steckt wirklich dahinter? Was benötigt ihr? Was könnte im Sinne einer Lösungsfindung von Interesse sein? Bereitet die Punkte vor und besprecht diese gleich anschließend wieder gemeinsam.

   Versuche bei jedem Punkt, dich in deinen Partner hineinzuversetzen und das Thema mit seinen Augen zu sehen, um ein tiefes Verständnis herzustellen. Spiegle dieses Verständnis auch wider. Das erleichtert es, in einer schwierigen Situation in gutem Kontakt zu bleiben und die Verbindung zwischen euch aufrechtzuerhalten.

3. **Für Konfliktlösung relevant:**

   Bei diesem Punkt geht es darum zu erkennen, welche eurer Anliegen wirklich für eine Konfliktlösung relevant sind. Das können alle besprochenen Punkte sein. Öfter aber lassen sich die Punkte auf wenige wirklich wichtige Kernanliegen eingrenzen, die unbedingt bei einer Konfliktlösung berücksichtigt werden sollten, damit diese nachhaltig und wirksam sein kann. Denkt jeder für euch nach und tauscht euch dann aus.

4. **Lösungsmöglichkeiten:**

   Nun habt ihr eingegrenzt, worum es euch beiden geht. Es wird jetzt Zeit, Lösungen zu suchen. Sammelt nun in einem ersten Schritt gemeinsam so viele mögliche Lösungen, wie euch einfallen. In diesem Schritt geht es noch nicht darum, diese zu bewerten. Es wird nur gesammelt. Manche Lösungen mögen (auf den ersten Blick) falsch, sinnlos oder unrealistisch erscheinen. Das ist aber zweitrangig. Idealerweise sind es Ideen, die die wichtigen Anliegen beider Partner berücksichtigen. Es sind jedoch auch kreative Möglichkeiten erwünscht, die auf den ersten Blick sehr schräg wirken können. Je mehr Lösungsideen ihr sammelt, desto größer ist die Chance, tatsächlich eine Lösung zu finden, die für euch beide passend ist. Wenn ihr mit der Sammlung fertig seid, besprecht nach und nach die Lösungsideen. Wie könnte diese Lösung im Detail aussehen? Wer macht was? Wie werden dabei unsere Anliegen berücksichtigt? Was könnten die Auswirkungen sein? Wie passend finden wir diese Idee? Ideen, die nicht das erfüllen, was ihr euch beide versprecht, werden entfernt oder durchgestrichen, damit nur noch jene Lösungsmöglichkeiten verbleiben, von denen ihr euch eine nachhaltige Wirkung versprecht.

5. **Lösungsexperiment:**

   Ihr habt nun all eure möglichen Varianten vor euch, aus denen ihr auswählen könnt. Jetzt geht es darum, sich für eine Variante zu entscheiden, die ihr beide ausprobieren wollt. Man kann im Vorfeld die Auswirkungen nie wirklich abschätzen. Vielleicht ist mit der gefundenen Lösung der Konflikt gelöst. Vielleicht taucht dadurch ein anderes Thema auf, das behandelt werden will. Wir sehen es also in diesem Sinne als Experiment an und lassen uns überraschen. Wählt eine passende Variante aus und konkretisiert diese. Wie lange wollt ihr das Experiment durchführen, bis es auf die Wirksamkeit hin bewertet wird? Wer macht was? Wie oft und wie? Je konkreter ihr euer Experiment beschreibt, desto leichter werdet ihr euch tun. Wenn ihr mehrere passende Lösungsmöglichkeiten habt, einigt euch auf jene, die für euch beide den meisten Erfolg verspricht. Wenn ihr Schwierigkeiten beim Auswählen habt, könnt ihr beispielsweise die Technik des Wertepokers mit den Karten oder auch die T-Shirt-Größen verwenden, um eine Variante zu finden.

Nehmt euch beim ersten Versuch vielleicht nicht sofort das allergrößte Thema vor. Einen Konflikt nachhaltig zu lösen, ist nicht die leichteste Übung. Es braucht die richtige Einstellung, Vertrauen, aber auch die passende Technik. Je öfter ihr dieses Werkzeug anwendet, desto einfacher wird es.

Hier noch einmal der ganze Ablauf im Überblick:

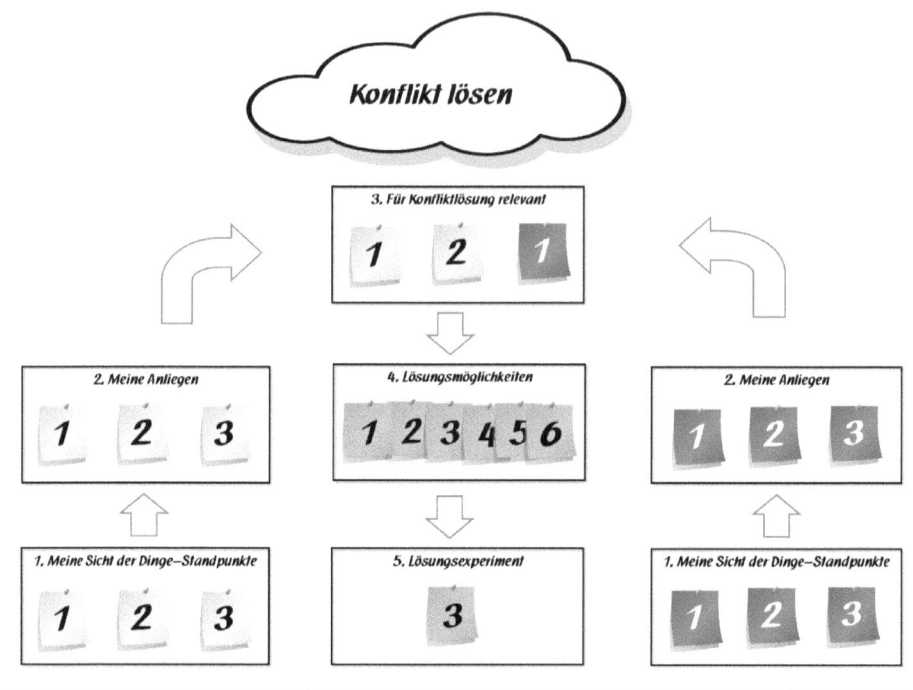

Es folgt noch ein kleiner Tipp am Rande, der dir bei all deinen Konflikten und Auseinandersetzungen helfen kann. Dieser wirkt zwar etwas merkwürdig, doch in ihm steckt ungeheure Kraft.

Wenn du dir ein Streitgespräch einmal genauer ansiehst, etwa im Straßenverkehr oder im Supermarkt – woran erinnert dich das? Also ich kann seit der Anwendung dieses Tricks gar nicht mehr anders denken als: *Hurra, wir sind wieder zurück in der Sandkiste!* Ja, die Menschen wirken größer, sind mittlerweile Buchhalterin, Verkäufer, Marketingspezialistin oder Psychologe. Aber während des Streitgesprächs schrumpfen sie auf Kindergröße zusammen und benehmen sich, als hätte man ihnen die berühmte Schaufel weggenommen. Und dann sagen sie oft auch noch: „Es geht ja ums Prinzip!" Ja genau, es geht immer ums Prinzip. Das Prinzip ist die Schaufel der Erwachsenen.

Beleidigungen entstehen oftmals nicht aus Hass, sondern sind Schutzmechanismen und somit ein Zeichen der eigenen Verletzlichkeit. Wenn du also das nächste Mal angeschrien, angefaucht, beschuldigt oder was auch immer wirst, dann stell dir dein streitendes Gegenüber als tobendes Kindergartenkind ohne Schaufel vor.

Mir gelingt das mittlerweile recht oft. Ich kann mich so in Sekundenschnelle selbst beruhigen und klare Gedanken fassen. Manchmal gelingt es mir sogar, innerlich zu lächeln und gemeinsam mit dem kleinen Kind eine passende Lösung zu finden.

Und noch ein kleiner Hinweis zum Thema Mindset in Konflikten: Viele Menschen sind grundsätzlich gepolt auf Gewinnen oder Verlieren. Ich gewinne einen Konflikt oder ich verliere einen Konflikt. Doch das ist eine unpassende Denkweise. Versuche dein Mindset umzupolen. Es geht in Konflikten vielmehr um ein gemeinsames Gewinnen. Eine konstruktive Lösung eines Rätsels, die ihr gemeinsam findet. Eine Lösung, bei der am Ende beide Partner sagen, wir haben gewonnen. Das bedeutet manchmal auch, sich von eigenen Sichtweisen trennen zu können. Entweder meine Argumente können überzeugen oder mein Partner hat noch bessere Argumente, von denen ich profitieren kann. Ich gewinne also auch, wenn ich bessere Argumente akzeptieren kann oder wenn wir gemeinsam aus der Summe unserer Argumente eine neue Option finden, die zuvor nicht sichtbar war.

Es folgt nun noch eine weitere kleine Hilfestellung, die das Auflösen von Konflikten erleichtern kann.

7.5 Werkzeug: Personas

Personas werden in der agilen Welt häufig verwendet. Das sind Modelle mit zielgruppenspezifischen Merkmalen. Ihr großer Nutzen liegt darin, dass beispielsweise bei der Entwicklung von Produkten eine bestimmte Perspektive – die Perspektive der Personas – eingenommen werden kann, um die Produkte so passend wie möglich für die Zielgruppe zu designen.

Was hat das nun wieder mit Beziehungen zu tun?, wirst du dich womöglich fragen.

Nun, im Sinne von Beziehungen habe ich für die Personas eine spezielle Aufgabe entwickelt. Personas werden oft sehr genau beschrieben. Dabei überlegt man sich folgendes:

- Welche Ziele und Erwartungen haben die Personas?
- Welchen Charakter und welche Eigenschaften haben sie?
- Welche individuellen Bedürfnisse haben sie?
- Wie verhalten sie sich in bestimmten Situationen?
- Welche Interessen und Hobbys haben sie?
- Was sind charakteristische Aussprüche?
- Welche Herausforderungen sind typisch in ihrem „Leben"?

- Was sind ihre Schwächen?
- ...

Die Vermutung liegt nahe, dass die Antworten auf diese Fragen sehr hilfreich im Umgang mit diesen Personas sein können. Und genau dafür werden sie auch verwendet. Wir können das Konzept der Personas ausgezeichnet für die Lösung von Konflikten nutzen. Nämlich einerseits als Gebrauchsanleitung im Sinne von Klarheit und Verstehen: Wie tickt mein Gegenüber? Aber darüber hinaus, und das ist noch viel wichtiger, für eine ganz spezielle Herangehensweise zur Konfliktlösung.

Und dies funktioniert folgendermaßen: Wir kombinieren zwei Konzepte, die du schon kennengelernt hast. Nämlich einerseits das Konflikt-ansprechen-Modell und das Konflikt-lösen-Modell und andererseits das Konzept der Dissoziation und lassen uns von den Personas unterstützen.

Wir haben zwar bereits viel darüber gelernt, wie wir miteinander sprechen und wie wir Konflikte angehen, trotzdem sind und bleiben Konflikte einfach emotionsgeladene Geschichten. Und manchmal kann es trotz bestem Bemühen schwierig werden, Konflikte wirklich zu lösen. Unser Unterbewusstsein und unser reaktives Verhalten machen uns manchmal einen Strich durch die Rechnung.

Und genau hier liegt die Stärke von Personas versteckt. Stell dir folgendes Szenario vor: Bei der Lösung eines Konflikts sprecht ihr nicht von eurem speziellen Fall, sondern ihr übertragt den Konflikt an euer Stellvertreterpärchen, eure Personas. Dein Partner und du nehmen dabei die Außensicht ein und versuchen nun als externe Berater, den Konflikt zu lösen. Ihr habt euch somit eine Ebene wegdissoziiert, das bedeutet ihr habt euch aus dem direkten Konflikt zurückgezogen auf eine Metaebene. Nämlich von der Ebene der direkt betroffenen Konfliktpartner hin zur Ebene der externen Konfliktlösungsberater.

Dabei versetzt ihr euch jeweils in eure Personas und geht die einzelnen Schritte des Konflikt-ansprechen-Modells beziehungsweise des Konflikt-lösen-Modells aus der Außensicht durch.

Nehmen wir an, eure Personas haben die Namen Max und Helga. Du sagst beispielsweise nicht: „Mir ist bei diesem Konflikt wichtig, dass…", sondern: „Helga ist bei diesem Konflikt wichtig, dass …". Im Idealfall lieferst du anhand der Beschreibung der Personas auch noch eine gute Begründung mit: „Helga ist bei diesem Konflikt wichtig, dass …, da ihr sehr viel an offener Kommunikation, Sicherheit, Spaß etc. liegt."

Es ist sogar zur weiteren Dissoziation möglich, jeweils die Rolle zu tauschen und für euren Partner in die Konfliktlösung einzusteigen. Das klingt zwar etwas abstrakt, ist aber sehr vorteilhaft und jedenfalls einen Versuch wert.

Findet am Ende wieder mögliche Lösungsvarianten und überlegt euch, welche Lösung die Personas ausprobieren werden. Und genau diese Lösung übernehmt nun ihr als Experiment für eure Beziehung.

Es macht einen großen Unterschied in der Emotionalität, ob man direkt involviert ist oder von außen betrachtet. Auch die Haltung – wir beide sind externe Berater und arbeiten gemeinsam für unser Personas-Paar als Konfliktlöser – ist nicht zu unterschätzen.

Probiert es aus. Viele Paare haben mir schon berichtet, dass diese Herangehensweise für sie sehr hilfreich, spielerisch und spannend war.

Im Folgenden seht ihr beispielhaft, wie Personas aussehen können:

Person: Helga, 36 Jahre, geboren in Wien, 2 Kinder
- Helga ist gelernte Buchhalterin.
- Derzeit arbeitet sie in der Abteilung Finanzbuchhaltung und Marketing bei xxx.
- Sie legt Wert auf ihr Äußeres und achtet auch bei anderen auf die Kleidung.
- Beruflicher Erfolg ist ihr sehr wichtig. Sie möchte mittelfristig Leiterin werden.

Interessen, Hobbys, Merkmale
- Helga geht zweimal die Woche, am liebsten mit Freundinnen, laufen.
- Sie liest viel, vor allem Kriminalgeschichten, aber auch historische Romane.
- Sie macht viel auf Instagram und verbringt täglich eine Stunde online.
- Bevor sie etwas kauft, liest sie Rezensionen und bespricht dies mit ihrem Mann.

Erwartungen, Ziele
- Sie interessiert sich sehr für Marketing und möchte eine vertiefende Ausbildung in diese Richtung machen.
- Sie lernt gerne, bildet sich weiter und erwartet dies auch von ihren Kindern und ihrem Mann.
- Sie möchte in ihrem Job immer wieder neue Dinge ausprobieren und erwartet dafür auch Rückendeckung.
- Es ist ihr wichtig, als tough und kompetent gesehen zu werden.

Charakter, Stärken, Herausforderungen, Schwächen
- Helga ist willensstark und sehr zielstrebig. Sie geht Kompromisse nur ein, wenn sie Sinn dahinter sieht.
- Sie arbeitet viel und hat auch im Haushalt mit den Kindern viel zu tun. Das bringt sie an ihre Grenzen.
- Sie ist sich oft unsicher, ob sie den (beruflichen) Anforderungen gerecht werden kann.
- Bei Konflikten reagiert sie impulsiv und ist schnell beleidigt. Dann zieht sie sich zurück.
- Helga braucht immer wieder Anerkennung und Bestätigung.

Typischer Ausspruch
- Es muss gleich sein, sonst wird das nichts!

Ihr könnt euch bei der Gestaltung ruhig austoben und kreativ werden. Vielleicht gelingt es dir dabei auch noch, etwas mehr über dich selbst zu lernen. Dein Partner wird auf jeden Fall auch davon profitieren. Beim Erzeugen der jeweiligen Personas lohnt es sich, die wirklich wichtigen Punkte herauszufiltern, denn Eigenschaften, Schwächen und Stärken haben wir viele. Überleg dir immer wieder, ob dieses oder jenes relevant ist und dich wirklich ausmacht.

Und nicht vergessen: Der Rollentausch kann Wunder bewirken!

7.6   Werkzeug: Ziele verwirklichen

Nun haben wir den ersten großen Bereich unserer Beziehungsarbeit abgedeckt. Neben konfliktbehafteten Themen gibt es jedoch noch eine ganze Menge anderer Punkte, die wir bearbeiten können. Das Erreichen unserer Vision, unsere Zielearbeit, unsere Träume, Wünsche, Fantasien warten darauf, verwirklicht zu werden.

Diese Punkte bilden den zweiten großen Teilbereich unseres Backlogs. Wie du sicher schon am eigenen Leib erfahren hast, ist es nicht so einfach, deine Ziele und Wünsche zu verwirklichen. Oft bedarf es dafür einer Veränderung unserer Gewohnheiten. Manchmal müssen wir dafür auf etwas verzichten. Manchmal müssen wir etwas Neues lernen. Und manchmal müssen wir erst mal überhaupt verstehen, worum es geht.

Wie schon Hornbach predigt: Es gibt immer was zu tun. Also mach es zu deinem Projekt! Zur Unterstützung eurer Arbeit stelle ich euch wieder ein Modell vor, mit dem ihr euch vorbereiten könnt. Es deckt die meisten relevanten Punkte ab, um sicherzustellen, dass ihr versteht, worum es geht und welche Wege ihr gehen wollt. Ihr könnt diese Vorgehensweise auch für eure eigenen Themen verwenden, bei denen euer Partner nur eine unterstützende Rolle einnimmt. Beide Varianten sind möglich, das Modell ist universell einsetzbar. Ihr müsst nicht immer alle Fragen beantworten, es kommt sehr auf den individuellen Kontext an. Die angegebenen Fragen dienen als Leitfaden, und bei größeren Themen kann es durchaus wichtig sein, sich darüber Gedanken zu machen. Ich stelle euch zuerst die einzelnen Bereiche vor, um euch einen Überblick zu verschaffen. Danach gehen wir sie in einem Beispiel durch, um die Praxistauglichkeit vorzustellen.

1. **Thema?**
   a) Was ist das Thema, der Wunsch, das Ziel, das wir bearbeiten wollen?

2. **Weshalb ist euch dieses Thema wichtig?**
   a) Was steckt hinter diesem Thema? Worum geht es euch genau?
   b) Was ist übergeordnet wichtig?
   c) Welche eurer Werte oder Grundeinstellungen werden bei diesem Thema angesprochen? Wieso findet ihr dieses Thema so anziehend und motivierend?
   d) Welche anderen Möglichkeiten gibt es, um eure Werte oder Ziele besser zu erreichen als mit dem gewählten Thema?

3. **Was sind die Erwartungen? Was ist danach anders?**
   a) Was erhofft ihr euch?
   b) Was genau, glaubt ihr, wird die erfolgreiche Bearbeitung dieses Thema in eurem Leben verändern?
   c) Wie wird es nach der Bearbeitung sein?

4. **Was ist zu berücksichtigen? Was könnten negative Auswirkungen auf die Beziehung oder auf einen anderen Bereich eures Lebens sein?**
   a) Was müsst ihr bei der Bearbeitung berücksichtigen?
   b) Wer könnte noch betroffen sein und in welcher Weise?
   c) Wie geht ihr damit um?

d) Wenn ihr diese Erkenntnisse berücksichtigt – bleibt ihr an diesem Thema dran oder ergibt sich damit vielleicht eine Änderung?

5. **Was sind die Auswirkungen, auch langfristig, wenn dieses Thema nicht bearbeitet wird?**

   a) Was passiert, wenn ihr dieses Thema nicht bearbeitet?

   b) Was sind kurzfristige, was sind langfristige Auswirkungen?

   c) Was lösen die Gedanken an diese Auswirkungen in euch aus?

6. **Was ist nötig, um dieses Thema bearbeiten zu können? Welche Hindernisse könnten auftreten und was gibt es dann für mögliche Lösungen? Was sind wichtige Schritte bei der Bearbeitung?**

   a) Welche Ressourcen oder Hilfsmittel sind nötig, um euer Thema bearbeiten zu können?

   b) Welche Informationen benötigt ihr? Welches Wissen müsst ihr euch noch aneignen?

   c) Was macht ihr mit auftretenden Hindernissen? Wie geht ihr damit um und wie könnt ihr diese schon vorab berücksichtigen?

   d) Welche Schritte sind wichtig? Wie könnt ihr euch die Bearbeitung des Themas vorstellen?

7. **Was muss passieren, damit dieses Thema zufriedenstellend erledigt ist? Was könnten wichtige Teilschritte sein (bei großen Themen)? Wie werdet ihr euren Erfolg feiern?**

   a) Wie wisst ihr, ob dieses Thema zufriedenstellend bearbeitet und erledigt ist? Wie könnt ihr das konkret messen?

   b) Welche Teilergebnisse könnt ihr bei großen Themen erreichen?

   c) Welche zusätzliche Belohnung wartet auf euch, wenn ihr das Thema erfolgreich bearbeitet habt?

Du siehst also, wieso die Bearbeitung mancher Themen und die möglicherweise nötige Änderung unserer Gewohnheiten und unseres Verhaltens manchmal gar nicht so einfach ist. Es sind einige Punkte zu berücksichtigen. Ich gehe jetzt mit dir ein Beispiel durch, damit du ein Verständnis dafür entwickeln kannst, wie ihr eure Themen zufriedenstellend bearbeiten und abschließen könnt.

Nehmen wir an, euer Thema ist, dass ihr beide euch vornehmt, regelmäßig gemeinsam laufen zu gehen. Dann könnt ihr folgende Überlegungen anstellen:

1. **Thema?**
   Gemeinsam laufen gehen.

2. **Weshalb ist euch dieses Thema wichtig?**
   Wir wollen gesünder leben. Dadurch erhoffen wir uns generell mehr Energie. Wir wollen gemeinsam Zeit verbringen, ein gemeinsames Hobby etablieren. Das Thema *Gesünder leben* könnten wir auch mit einer Umstellung unserer Ernährung unterstützen. Wir nehmen *Ernährungsumstellung* daher für später in unseren Backlog auf. Wichtiger ist vorrangig das gemeinsame Laufen.

3. **Was sind die Erwartungen? Was ist danach anders?**
   Wir haben etwas, worüber wir uns unterhalten und worauf wir uns freuen können. Wir können uns gegenseitig motivieren und verbringen Zeit gemeinsam. Wir haben mehr Energie und kommen bei Alltagsarbeiten nicht so schnell außer Atem.

4. **Was müssen wir berücksichtigen? Was sind potenzielle negative Auswirkungen auf unsere Beziehung oder auf etwas anderes?**
   Wir haben dadurch abends etwas weniger Zeit für die Kinder – das gleichen wir aus, indem wir an den anderen Tagen mehr und vor allem qualitativ hochwertige Zeit mit ihnen verbringen. Wir haben so auch weniger Zeit zum Fernsehen. Das ist uns aber nicht so wichtig, daher können wir das ignorieren.

5. **Was sind die Auswirkungen, auch langfristig, wenn dieses Thema nicht bearbeitet wird?**
   Unsere körperliche Leistungsfähigkeit wird immer mehr abnehmen. Außerdem leidet unsere Gesundheit durch die fehlende Bewegung. Davor

haben wir Angst. Zusätzlich haben wir in den letzten Jahren einige Kilo zugelegt. Diesen Trend wollen wir stoppen.

6. **Was brauchen wir, um dieses Thema bearbeiten zu können? Welche Hindernisse könnten auftreten und was tun wir dann? Was sind wichtige Schritte?**

    Wir brauchen noch eine Ausrüstung zum Laufen und wollen ein Laufseminar besuchen. Dieses findet glücklicherweise nächste Woche statt, und wir werden uns morgen dafür anmelden. Es kann sein, dass wir abends müde sind und nicht laufen wollen. Wir haben festgelegt, dass wir immer zur gleichen Zeit und zu fixen Terminen laufen wollen und denken, dass wir uns so besser aufraffen können.

7. **Was muss passiert sein, um dieses Thema zufriedenstellend zu erledigen? Bei großen Themen: Was könnten wichtige Teilschritte sein? Wie werdet ihr euren Erfolg feiern?**

    Wir gehen zweimal pro Woche jeweils 45 Minuten laufen. Immer Dienstag und Donnerstag um 18:00 Uhr. Ein Teilschritt ist die Teilnahme am Laufseminar. Wir haben uns einen Kalender angeschafft, auf dem wir die Lauftage anhaken. Haben wir in den kommenden vier Wochen unser Training achtmal absolviert, belohnen wir uns, indem wir mit unseren Kindern ins neue Steakhouse essen gehen.

Hier siehst du nochmals das Modell, das du für die Beantwortung der Fragen heranziehen kannst. Du weißt ja schon, je transparenter und visueller du das Thema vor dir hast, desto leichter fällt die Umsetzung:

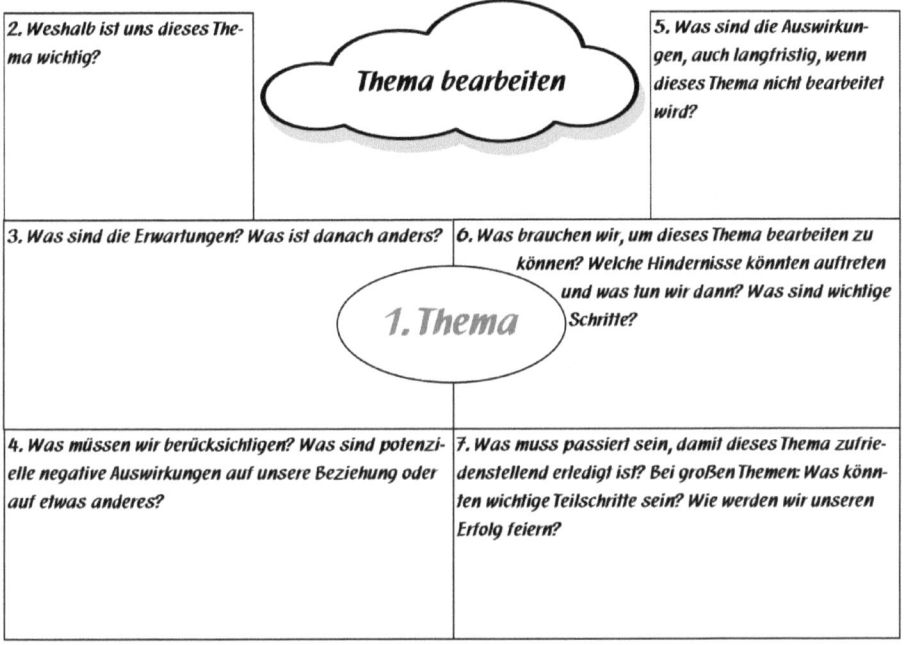

2. Weshalb ist uns dieses Thema wichtig?

Thema bearbeiten

5. Was sind die Auswirkungen, auch langfristig, wenn dieses Thema nicht bearbeitet wird?

3. Was sind die Erwartungen? Was ist danach anders?

6. Was brauchen wir, um dieses Thema bearbeiten zu können? Welche Hindernisse könnten auftreten und was tun wir dann? Was sind wichtige Schritte?

1. Thema

4. Was müssen wir berücksichtigen? Was sind potenzielle negative Auswirkungen auf unsere Beziehung oder auf etwas anderes?

7. Was muss passiert sein, damit dieses Thema zufriedenstellend erledigt ist? Bei großen Themen: Was könnten wichtige Teilschritte sein? Wie werden wir unseren Erfolg feiern?

Gerade wenn es um das Ändern oder Etablieren von Gewohnheiten geht, kann es hilfreich sein, sich konkrete Termine vorzunehmen, diese zu kennzeichnen und abzuhaken, wenn sie erfolgreich erledigt wurden. So seht ihr immer gleich, was ihr schon alles erledigt habt und könnt motiviert an dem Thema dranbleiben. Und denke auch immer dran – jedes erfolgreich bearbeitete Thema möchte eine zusätzliche Belohnung haben. Vergesst nicht, eure Erfolge gebührend zu feiern.

7.7 Werkzeug: Daily – Jäger des verlorenen Schatzes

80 Prozent der Menschen, die ich kenne und die in ihrer Arbeit ein Daily durchführen (müssen), werden jetzt aufstöhnen. Auf der einen Seite ist das Daily eines der am meisten gehassten Meetings überhaupt. Andererseits, so meine Sichtweise, ist es auch jenes Meeting, das in der Wichtigkeit und Wirksamkeit am meisten unterschätzt wird. Das Daily dient in der agilen Arbeitswelt der täglichen Abstimmung und Synchronisation im Team.

Nun, wir sind keine Softwareentwickler, keine Projektentwickler, aber wir sind Beziehungsentwickler! Und daher lege ich dir auch ans Herz, ein Daily durchzuführen. Zwar brauchen wir uns mit unserem Partner nicht abzustimmen (oder vielleicht doch?). Was dein Partner aber in der Beziehung benötigt wie die Luft zum Atmen, ist Wertschätzung und Dankbarkeit. Ich bin sicher, an dieser Stelle werden viele von euch aufstöhnen. „Und wer dankt mir?" Oder: „Das Leben ist nun mal kein Ponyhof!" Oder auch: „Muss man denn wirklich alles erwähnen? Was ich mache, ist ja auch selbstverständlich!"

Muss man nicht. Kann man aber. Das Beziehungs-Daily hilft mit, unser Mindset nachhaltig zu ändern und unseren Fokus auf die positiven Elemente der

Beziehung zu legen. Und das geht ganz einfach und schmerzlos. Es dauert auch nicht lange.

Bedenke, dein Partner ist keine Selbstverständlichkeit. Seine Taten sind keine Selbstverständlichkeit und seine Liebe ist keine Selbstverständlichkeit. Marie von Ebner-Eschenbach hat nicht umsonst gesagt: *„Wir sind für nichts so dankbar wie für Dankbarkeit."* Dankbarkeit macht glücklich, und zwar nicht nur den, der sie bekommt, sondern auch denjenigen, der gibt. Auch ich persönlich habe eine ganz klare Meinung: *NICHTS ist selbstverständlich. Lieber ein Danke zu viel als eines zu wenig!*

Und so läuft unser Beziehungs-Daily ab: Sucht euch einen Zeitpunkt, der für euch beide passend ist. Das kann am Morgen nach dem Aufstehen sein, am Abend vor dem Einschlafen oder auch zwischendurch.

Seht euch in die Augen und beginnt mit folgenden Satzanfängen:

- „Was ich an dir schätze, ist …"
- „Ich bin dir dankbar für…"
- „Was mir in der Beziehung mit dir wirklich guttut, ist …"
- Oder etwas ähnliches

Finde mindestens einen Punkt, gerne auch mehrere. Es muss auch gar nichts Hochtrabendes sein, oft gibt es viele, viele Kleinigkeiten, die nicht übersehen werden wollen. Beziehe dich idealerweise auf etwas aus der unmittelbaren Vergangenheit (die letzten Stunden, gestern). Haltet Augenkontakt. Lass die Worte direkt in das Herz deines Partners wandern. Danach wiederholt dein Partner, was er von dir gehört hat („Was du an mir schätzt, ist …").

Im Anschluss erfolgt ein Wechsel und dein Partner ist an der Reihe.

Ich weiß, dass ein tägliches Dranbleiben sehr viel an Konsequenz erfordert. Gerne lässt man es dann schon mal schleifen, morgen ist ja auch noch ein Tag.

Warum ist aber gerade dieses kleine Werkzeug so immens wichtig?

Im Normalfall tendieren wir dazu, uns in gewohnten Situationen eher auf negative Punkte zu konzentrieren. Wir suchen die Ausnahme. Wir suchen, was nicht passt. Alltägliches wird ausgeblendet, um unser Gehirn zu entlasten. Und das kann dazu führen, dass wir in unserer Beziehung tendenziell den Fokus verlieren. Wir sehen mehr und mehr Dinge, die nicht zu passen scheinen. Und unsere Nervenbahnen im Gehirn werden mehr und mehr in unpassende Richtungen vernetzt.

Diesem Umstand wollen wir entgegenwirken. Bei jeder Gewohnheit, die du verändern und etablieren willst, dauert es leider etwas, bis sie in Fleisch und Blut übergeht. Unser innerer Schweinehund wird dagegen ankämpfen. „Bitte, muss das wirklich täglich sein? Heut lassen wir es mal ausfallen. Das Gleiche müssen wir nicht immer wieder erwähnen."

Doch wenn du wirklich dranbleibst, wenn du das wirklich schaffst, dann wirst du bald jeden Tag dein neues Wunder erleben. Erleben, welche Kraft kleine Worte erzeugen können.

Ich kenne Paare, die sind wirklich zu Wertschätzungs- und Dankbarkeitsjägern, also zu Jägern des verlorenen Schatzes, geworden. Ihr Denken sucht immerzu nach erwähnenswerten Kleinigkeiten. Und findet sie auch!

Du weißt bereits: *Unsere Gedanken folgen unserer Aufmerksamkeit!* Kannst du dir vorstellen was passiert, wenn sich dein Fokus in diese Richtung wendet? Dann wirst du verstehen, warum das richtige Mindset ein unerlässlicher Bestandteil der Agilität ist.

Probiere es aus und staune!

7.8 Werkzeug: die Retrospektive

VERÄNDERUNG

WACHSEN

FOKUS

HALTUNG

SELBSTVERANTWORTUNG

Die Retrospektive ist ein praktisches Hilfsmittel, um kontinuierlich festzustellen, ob ihr euch als Paar auf dem richtigen Weg befindet. Es geht darum, auf den letzten Zyklus eurer Beziehungsiteration zurückzuschauen, zu lernen und die richtigen Schlüsse für die Zukunft zu ziehen.

Ein weiteres Ziel liegt darin, das gemeinsame Miteinander ideal zu gestalten und zu verbessern. Eine Retrospektive ist aber nicht ein Abrechnen mit all jenem, was nicht funktioniert. Hier wirkt sofortiges respektvolles Feedback in der Regel besser und schneller. Es geht darum wertzuschätzen, was alles bereits erreicht wurde sowie nach weiteren Verbesserungsmöglichkeiten zu suchen. Ja, das Wertschätzen des bisher Erreichten ist ein wichtiger Punkt. Vielleicht mögt ihr ja bei der Retrospektive auch überlegen, wie ihr euren bisherigen Erfolg und euer Bemühen gebührend feiern werdet?

Je nach Zustand der Beziehung erkennt ihr mehrere Verbesserungsmöglichkeiten. Das ist gut, denn es zeigt, dass ihr konstruktiv als Paar zusammenarbeitet und Lösungen findet. Es lohnt sich, diese Themen sehr fokussiert zu betrachten und als Abschluss der Retrospektive einen (oder maximal zwei) Punkt(e) auszuwählen und in der nächsten Iteration zu verändern.

Welchen Ablauf kann eine Retrospektive haben?

Die Retrospektive kann in unterschiedlichen Formaten durchgeführt werden. Wenn du einmal den grundsätzlichen Sinn verinnerlicht hast, findest du deinen ganz eigenen Zugang und deine individuelle Vorgehensweise. Ich stelle dir zwei mögliche Varianten vor. Du findest die Vorlagen dazu auch im Downloadbereich des Buches.

Variante 1: Wir fokussieren uns hier anhand von Post-its auf folgende vier Fragestellungen:

1. **Was haben wir gut gemacht?**
   Was ist uns in Erinnerung, was gut gelaufen ist und wir beibehalten wollen?
2. **Was haben wir gelernt?**
   In welchen Situationen gab es hilfreiche, aber vielleicht auch schmerzhafte Aha-Momente?
3. **Was wollen wir zukünftig anders machen?**
   Was ist uns aufgefallen, wo es noch hakt? Welche Situationen haben gezeigt, dass noch Verbesserungspotenzial vorhanden ist?
4. **Was haben wir noch nicht verstanden?**
   In welchen Situationen waren wir ratlos? Vielleicht hat ein Werkzeug nicht funktioniert? Vielleicht gab es einen überfordernden Moment?

Nachdem ihr die Punkte gesammelt habt, gibt es noch zwei wichtige Dinge zu klären:

1. **Wie werden wir feiern?**
   Was tun wir uns Gutes, um unser Bemühen und das, was wir erreicht haben, gebührend zu feiern?

2. **Was nehmen wir uns vor? Welche Änderungen, die wir anhand der gesammelten Punkte erkannt haben, werden wir uns für die nächste Iteration konkret vornehmen?**

Damit sind jedoch keine neuen Ziele oder ähnliches gemeint, sondern Veränderungen im gemeinsamen Miteinander. Das könnte beispielsweise sein: „30 Minuten waren zu kurz. Wir nehmen uns mehr Zeit für die Dialogübung." Oder auch: „Wir nehmen uns vor, sofort konstruktiv Feedback zu geben, wenn etwas nicht funktioniert."

Hier siehst du eine beispielhafte Gestaltung dieser Art der Retrospektive:

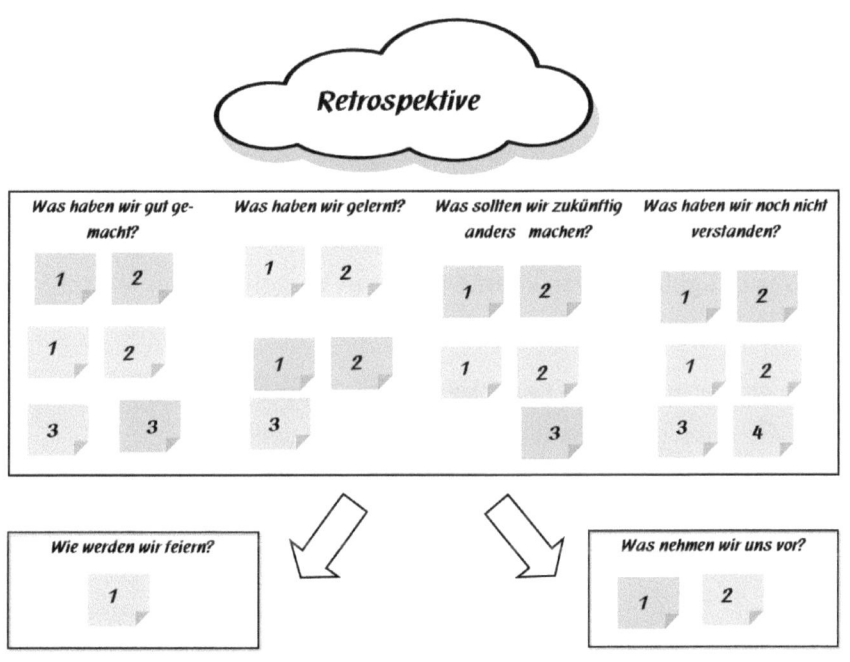

Variante 2:

Diese Variante ist in Form eines Sterns aufgebaut. Wir gehen dabei auf folgende Fragen ein:

1. **Mehr davon:**
   Was hat uns gut gefallen und gut geholfen? Davon wollen wir mehr!

2. **Weniger davon:**
   Was hat uns nicht gut gefallen und zu schwierigen Situationen geführt? Davon wollen wir weniger!

3. **Fortsetzen:**
   Was hat gut gepasst? Wir wollen es zwar nicht intensivieren, aber es hat sich bewährt!

4. **Aufhören:**
   Was war kontraproduktiv, hat uns gar nicht gefallen oder die Situation verschlechtert? Lass uns damit aufhören!

5. **Beginnen:**
   Was hat gefehlt? Was könnte unserem Vorgehen einen weiteren Schub in die richtige Richtung geben? Lass uns damit beginnen!

Zusätzlich gibt es wieder die Bereiche für alles, was wir uns konkret vornehmen wollen sowie unsere Art, wie wir den Erfolg feiern wollen.

Hier siehst du die Vorlage für diese Variante:

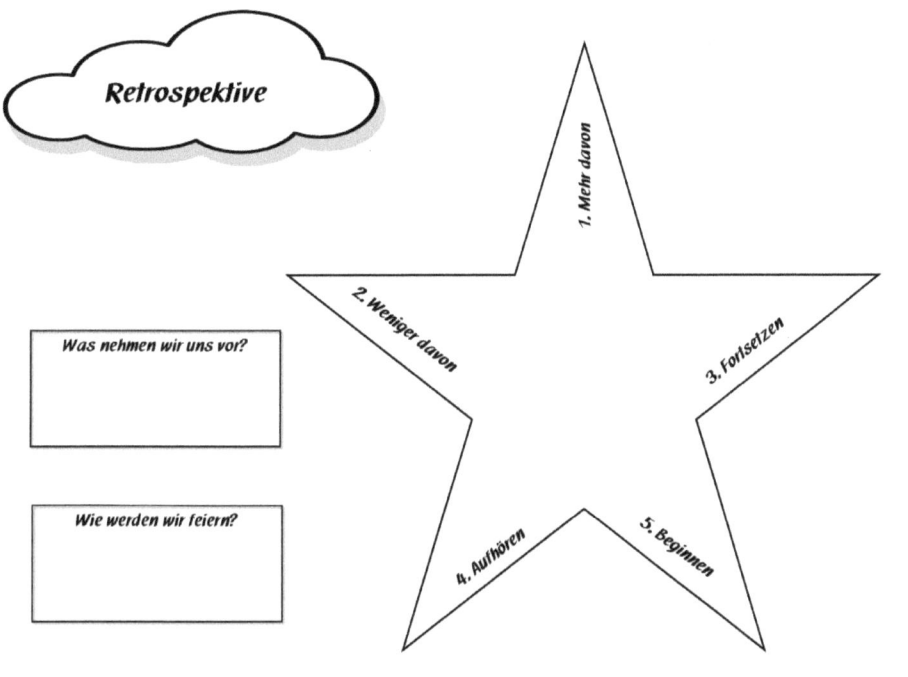

Bei der Retrospektive könnt ihr durchaus kreativ sein. Egal wie ihr sie durchführt, der Ablauf ist immer ähnlich:

- Was war gut? → Mehr davon
- Was war nicht gut? → Zukünftig weglassen
- Was fehlt noch? → Schrittweise einbauen
- Was haben wir gelernt? → Reflektieren
- Wie werden wir feiern? → Niemals vergessen!

8 Just do it

Somit sind wir am Ende angelangt. Wie geht es dir, nachdem du dieses Buch zu Ende gelesen hast? Fühlst du dich erschlagen? Bist du verunsichert, ob du diese Konzepte ausprobieren willst? Bist du vielleicht sogar der Meinung, dass sie nicht wirklich passend für dich sind? Oder bist du hellauf begeistert und kannst es gar nicht mehr erwarten, sofort loszulegen?

Beides kann ich gut verstehen. Es ist ein Weg, der sicher nicht für alle Menschen gleichermaßen passend ist. Die enthaltenen Werkzeuge können uns sehr herausfordern, aber auch große Wirkung entfalten. Genauso wie unsere Beziehung werden sie manchmal besser, manchmal schlechter funktionieren. Ich hoffe inständig, sie werden dir helfen zu wachsen und zukünftig zufriedener in deiner Beziehung zu wohnen.

Denn trotz aller Rückschläge, trotz aller Anstrengungen gehören liebevolle Beziehungen einfach zu den schönsten Dingen im Leben.

Was mir zum Abschluss noch wichtig ist: Das Konzept meiner agilen Beziehung ist kein Konzept, das theoretisch glänzen will. Es entfaltet seine ganze Kraft, und das ist die große Stärke daran, erst in der praktischen Anwendung und im gemeinsamen Miteinander. Miteinander experimentieren, miteinander reflektieren und miteinander wachsen.

Die Zufriedenheit unserer Beziehung ist eng gekoppelt mit unserem Denken und Handeln. Manchen Menschen fällt es leicht, intuitiv das Richtige zu tun. Anderen Menschen kommt das geplante und strukturierte Vorgehen der agilen Beziehungsarbeit entgegen. Nutzt jene Inhalte dieses Buches, die für euch den besten Mehrwert bieten.

Deshalb bin ich jetzt wieder beim Sportartikelhersteller Nike gelandet:

„Wir bringen jeder/jedem SportlerIn auf der Welt Inspiration und Innovation.“

Erinnerst du dich an diese Vision?

Ich habe sie abgewandelt für mich und hoffe, dass mein Konzept der agilen Beziehung Inspiration für jeden Liebenden dieser Welt bringt! Das ist mein großer Wunsch!

Und jetzt geht es richtig los. Beginne heute. Lache, liebe, mache Fehler und lerne. Just do it!

9 Bitte

Als selbstständiger Autor arbeite ich ohne Unterstützung eines Verlages. Eine Möglichkeit, viele Menschen zu erreichen, sind ehrliche Bewertungen dieses Buches. Zum Beispiel bei Thalia oder Amazon. Wenn du mich hierbei unterstützen möchtest, freue ich mich sehr darüber.

Ich freue mich auch über persönliches Feedback. Was hat euch als Paar weitergebracht? Wo habt ihr euch noch schwergetan? Welche tollen Erfolge habt ihr gemeinsam erlebt? Schreibt mir gerne eine E-Mail: office@liebeistplanbar.at.

Ich danke euch
Christian